Êtes-vous un employé formidable?

25 exercices et une foule de conseils pour le devenir

CÉLESTE GRIMARD

ISBN-13: 9781078189439

KDP, É.-U.

REMERCIEMENTS

Je remercie les centaines d'employés dont j'ai croisé les chemins au fils des années. Vous m'avez offert des aperçus inestimables des succès et des défis que vous avez rencontrés dans la poursuite de votre objectif de devenir des employés formidables. Je me suis inspirée de vous en développant ce recueil d'exercices. Je remercie également Jérôme Gagnon et Marc Robillard pour leurs feed-back et leur aide dans l'édition et la relecture de ce livre.

DEVINIR UN EMPLOYÉ FORMIDABLE

TABLE DES MATIÈRES

INTRODUCTION

Que signifie être un employé formidable? En un mot (plus ou moins), les employés formidables se connaissent bien. Ils se gèrent et ils établissent des relations solides avec les gens autour d'eux. Ce sont d'excellents joueurs d'équipe qui encouragent les autres et qui prennent des initiatives pour améliorer les choses. Tous ces éléments sont reliés entre eux. Mauvaise connaissance de soi = mauvaise gestion de soi. Mauvaise gestion de soi = horribles relations avec autrui. Les 25 exercices de ce livre vous offrent des défis pratiques, des éléments de réflexion, ainsi que des conseils pour réfléchir et apprendre de ces expériences. Si vous voulez devenir un employé formidable, ce livre s'adresse à vous. Si vous êtes déjà plutôt formidable, génial! À tout le moins, ce livre vous donnera une mise au point et vous aidera à peaufiner votre excellence.

Pourquoi devenir un employé formidable? À l'heure actuelle, il y a beaucoup de compétition quant aux emplois disponibles, de sorte que les employeurs se montrent plus exigeants lorsqu'ils sélectionnent leurs employés. Donc, il ne suffit pas d'acquérir des compétences techniques. Les employeurs recherchent des gens qui ont une attitude positive, qui se gèrent eux-mêmes et qui travaillent bien avec les autres; c'est-à-dire des individus entreprenants et auto-motivés avec de solides compétences interpersonnelles. Selon les enquêtes de la journaliste Caroline Rodgers, les employeurs recherchent des employés qui :

- Apprennent et évoluent en tant qu'individus (ouverture)
- Montrent de l'initiative (proactivité)
- Prennent leurs responsabilités (auto-motivation, maturité)
- Sont polyvalents et capables de travailler dans plus d'un domaine (ingéniosité)
- Travaillent bien en équipe et écoutent et acceptent les idées des autres (axés sur les relations)
- Font preuve de l'intégrité et respectent les règles (comme une boussole morale)
- Gèrent leurs émotions et leurs pensées (maitrise de soi)
- Font preuve de leadership (donnent un bon exemple)
- S'adaptent aux changements (adaptabilité).

Est-ce que vous vous reconnaissez ici? Oui? Super! Pas tout à fait? Ne vous inquiétez pas. Si vous vous efforcez de réaliser les exercices de ce livre, vous développerez des compétences et des perspectives qui vous aideront à devenir des employés formidables et très recherchés.

Qu'est-ce que vous y gagnerez?	Qu'est-ce votre employeur en retirera?
Vous apprécierez votre travail davantage.	Vous serez plus motivé et productif (c'est pourquoi vous êtes là, après tout).
Les autres voudront travailler avec vous.	Vous vous montrerez plus créatif et utile.
Vous serez plus motivé et productif.	Vous serez plus respectueux envers tout le monde.
Vous serez moins stressés.	Vous serez en mesure de travailler de façon plus autonome.
Vous vous sentirez plus « en contrôle » de vous-même.	Vous « ferez partie de la solution et non du problème ».
Vous aurez de meilleures évaluations de rendement.	Vous contribuerez à l'équipe et à un environnement de travail positif.
Votre superviseur et vos collègues vous aimeront.	
Vous aurez plus de chance d'être promu.	

ORGANISATION DU LIVRE

La partie 1 vous aidera à développer votre conscience de soi.
Si on vous demande « Qui êtes-vous? », comment répondriez-vous?
Vous pouvez penser que la conscience de soi n'est pas grand-chose,
mais, en fait, c'est la condition préalable aux autres compétences,
telles que l'autogestion. En effet, les employés formidables ont une
bonne idée de qui ils sont et de qui ils ne sont pas. Tout d'abord, ils
ont une idée personnelle de ce que signifie être un employé
formidable. Ils savent comment leurs premières expériences, que ce
soit comme un enfant ou sur leurs premiers emplois, influent sur
leurs attentes et leurs comportements au travail. Les employés

conscients de soi se placent dans des situations où ils travaillent à partir de leurs forces.

En même temps, ils travaillent sur leurs faiblesses afin qu'ils puissent se développer en tant qu'individus. Ils acceptent que les gens soient uniques et que les différences, plutôt que d'être fausses, doivent être appréciées et accommodées. Ils se valorisent en tant qu'individus, mais pas au détriment de ceux qui les entourent. Ils savent ce qui les motive et ce qu'ils veulent dans la vie, et ils établissent des objectifs et des plans pour y arriver. Ils font bouger les choses pour eux-mêmes.

Dans la partie 2, vous développerez des connaissances et des compétences pour vous gérer. Si vous avez à évaluer votre niveau d'autogestion sur une échelle de 1 à 10, quel serait votre score? Pensez-vous que vous êtes doué pour vous discipliner, gérer votre temps et vos niveaux de stress, et gérer vos humeurs et vos attitudes? Gardez à l'esprit que tout le monde est une « œuvre inachevée », donc si vous n'obtenez pas un 10, ne vous en voulez pas.

Pour leur part, les employés formidables n'ont pas besoin ou ne s'attendent pas à ce que les autres les chouchoutent, les stimulent ou les motivent. Ils sont entreprenants et prennent la responsabilité pour eux-mêmes — ce qu'ils ressentent, pensent et font — plutôt que de blâmer les autres. Ils ont des attitudes positives et sont agréables à côtoyer. Ils sont en mesure d'évaluer dans quelle mesure leurs propres comportements fonctionnent pour eux et de planifier des améliorations.

La partie 3 vous propose des exercices pour établir de bonnes relations interpersonnelles. Cette partie se concentre sur la façon dont vous vous connectez avec les autres dans vos interactions. Les employés géniaux investissent dans d'excellentes relations avec d'autres personnes. Ils montrent de l'intérêt pour les autres, écoutent bien et ne jettent pas de *zingers* qui rabaissent les autres. Non! Ils dynamisent ceux qui les entourent plutôt que de saper leur énergie. Ils prennent des initiatives pour résoudre les conflits ou les malentendus dès qu'ils apparaissent.

Dans la partie 4, vous développerez vos compétences en tant que joueur d'équipe et employé formidable. Les employés géniaux sont d'excellents joueurs d'équipe. Ils savent ce qu'ils recherchent dans une équipe et dans une organisation. Ils collaborent avec les autres, ils contribuent bien aux réunions d'équipe et participent à la prise de décision. Ils influencent les autres d'une manière positive.

Les employés fantastiques essaient de se développer pour que leurs superviseurs puissent leur déléguer le travail au lieu de devoir les surveiller de près. Ils s'adaptent aux situations de travail changeantes, et ils sont capables de voir quand le changement est nécessaire. Ils sont conscients de ce qui leur stresse, et ils savent comment gérer le stress (avant que celui-ci ne les gère). Les employés formidables sont en mesure d'exercer une certaine forme de leadership, c'est-à-dire qu'ils prennent des initiatives et essaient d'influencer autrui d'une façon positive.

Dans la partie 5, il sera question de l'importance de s'adapter au changement. Les employés formidables savent tirer parti de circonstances fluctuantes ou changeantes. Ils gèrent leurs propres réactions, ils adaptent aux besoins de la situation, et ils sont ouverts au changement.

Les deux exercices de la partie 6 vous aideront à intégrer ce que vous avez appris tout au long de votre parcours, au fil des exercices que vous aurez réalisés. Il s'agit d'un récapitulatif de votre parcours qui vous aidera à bien intégrer les apprentissages que vous aurez effectués.

COMMENT TIRER LE MEILLEUR PARTIE DU LIVRE

« J'entends et j'oublie. Je vois et je me souviens.
Je fais et je comprends. » — Confucius

« La vie est une succession de leçons qui doivent être
vécues pour être comprises. » – Emerson

En quoi consistent les exercices? Chaque exercice de ce livre vous demande de prendre certaines actions dans votre vie personnelle ou professionnelle parfois par vous-même et parfois avec l'aide des autres. Ensuite, chacun vous invite à :

- **Réfléchir à ce qui s'est passé** au cours de l'exercice : qu'est-ce que vous avez fait? Quels ont été vos sentiments, vos réactions et les réactions des autres personnes? Qu'est-il arrivé?
- **Comprendre les leçons à tirer** de l'exercice : quels liens pourriez-vous faire entre l'exercice et vos expériences, perceptions et lectures antérieures? Quelles leçons avez-vous retenues de l'exercice? Qu'auriez-vous à recommander aux autres suite à l'exercice?
- **Examiner les moyens à prendre** pour mettre à profit ces leçons à l'avenir : quel est l'impact de l'exercice sur vos façons de penser, d'agir et d'interagir? À la suite de cet exercice, que ferez-vous différemment?

Ces étapes vous permettent de compléter le tour de cycle d'apprentissage expérientiel. **Afin d'apprendre véritablement d'une expérience, nous avons besoin d'y réfléchir, de prendre du recul, de nous questionner sur les leçons que nous avons apprises et, finalement, de les appliquer.** Mais, nous avons tendance à passer beaucoup de temps dans notre étape préférée et très peu dans les autres. Ainsi, un apprenant, par exemple, passerait la majeure partie de son temps en utilisant son intuition et ses expériences passées pour se faire une idée générale de ce qui se passe. Il pourrait tellement aimer mener cette réflexion qu'il ne passerait jamais à l'action.

Donc, **pour tirer des leçons de vos expériences, vous devez parcourir tout le cycle d'apprentissage.** Alain Gosselin, professeur à HEC Montréal, mentionne qu'il faut d'abord vivre des expériences et donc déterminer et créer les occasions de se développer en se confrontant à des situations nouvelles et exigeantes. Ensuite, nous devrions essayer de travailler avec des individus marquants (oui, de bons et de mauvais patrons ou collègues), ce qui nous donnera une plus grande capacité d'adaptation. Puis, nous devrions surmonter les épreuves personnelles et réfléchir, c'est-à-dire se livrer à une réflexion et demander régulièrement du feed-back. À la prochaine étape, nous devrions essayer de tirer des leçons de nos expériences et de trouver des ressources pour mieux connaître les possibilités. Finalement, nous devrions passer aux actes, c'est-à-dire mettre en œuvre des solutions et essayer de nouvelles façons d'agir et de penser.

Comment pouvez-vous tirer le meilleur parti de ce livre? Vous pouvez effectuer les exercices de façon systématique à raison de deux par semaine pendant quelques mois. Au final, vous aurez développé une meilleure compréhension de vos attentes, vos forces et les points à améliorer. Pour vous rafraîchir la mémoire au sujet des compétences nécessaires à tout employé formidable, rien ne vous empêche de répéter la série d'exercices les années suivantes.

D'un autre côté, puisqu'un exercice n'est pas nécessairement préalable à un autre, vous pouvez aussi entreprendre uniquement les exercices qui vous interpellent le plus. Un risque est toutefois inhérent à cette approche : passer à côté de ce dont vous avez le plus besoin. Il est sage de se rappeler que nous tirons parfois les plus grands apprentissages des exercices qui présentaient le moins d'intérêt pour nous au départ. Nos inclinations nous ramènent souvent à notre zone de confort.

Enfin, vous pouvez choisir au hasard deux ou trois exercices de chaque partie du livre. Écrivez les numéros des exercices sur des morceaux de papier, mettez-les dans un bol et choisissez-en un pour commencer le jour suivant. Répétez ce processus chaque semaine.

Peu importe l'approche que vous choisissez, **vous devez réaliser les exercices! Il ne suffit pas de simplement lire les descriptions des exercices.** La lecture ne vous transformera pas en un employé impressionnant. Tout comme apprendre à faire du vélo, il est impossible de développer vos compétences simplement en lisant ou même en réfléchissant à ce que vous avez lu. Vous pourriez en apprendre beaucoup sur ce que signifie être un employé formidable sans changer ce que vous faites dans le lieu de travail. Quelle est l'utilité? En outre, comme le rappelle Matrix, « il y a une différence entre connaitre le chemin et le parcourir. » Vous devez bel et bien RÉALISER les exercices pour en tirer un bénéfice.

Voici trois autres choses importantes à faire pour maximiser votre apprentissage. D'abord, vous devez **tenir un journal de bord** pour garder la trace de vos apprentissages. Il vous sera très utile pour écrire vos pensées, décrire la façon dont vous avez mené à bien les défis, répondre aux questions de réflexion et détailler vos plans d'action. Votre  journal de bord vous permettra de clarifier votre façon de penser, vous aidera à voir des tendances ou des *patterns* dans ce que vous avez vécu (et écrit) et vous servira de « contrat » pour les engagements que vous avez pris envers vous-même dans vos plans d'action. Également, vous pourrez relire les réflexions que vous avez écrites et être impressionné par tout l'apprentissage que vous aurez fait.

Deuxièmement, **formez une équipe de feed-back** pour discuter des exercices. Cela pourrait inclure vos collègues, votre

superviseur, vos amis, votre famille, n'importe quelle autre personne en qui vous avez confiance. Ne soyez pas gêné de demander du soutien à votre entourage dans votre développement en tant qu'employé formidable; il est sans doute plus disposé à vous aider que vous pourriez le penser. En outre, plusieurs exercices dans ce livre vous demandent d'obtenir des commentaires des autres ou de partager vos réflexions avec eux. En créant un petit groupe de personnes qui peuvent jouer ce rôle pour vous, vous verrez que vous apprendrez beaucoup plus que si vous étiez seul dans ce projet. Les discussions permettent entre autres d'augmenter la richesse des perspectives offertes. Il est intéressant de constater que plusieurs personnes peuvent interpréter le même exercice de manières différentes.

Troisièmement, **élaborez un plan d'action SMART**. Nous avons entendu dire que nous savons que nous avons réellement appris quelque chose lorsque notre comportement change. Les exercices qui sont significatifs

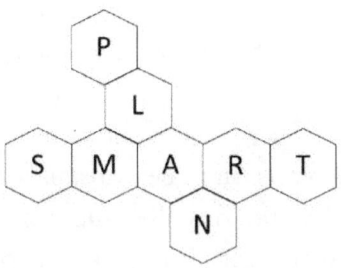

pour vous changeront non seulement vos perspectives, mais aussi vos comportements. C'est pourquoi chaque exercice se termine en vous invitant à élaborer un plan d'action. Utilisez le système SMART pour chaque plan d'action que vous développez. Cela signifie que votre plan doit être spécifique, mesurable, atteignable, réaliste et temporel. En voici un exemple : « À la fin de la semaine prochaine, j'écrirai deux lettres (une à mon ancien superviseur et une à mon meilleur ami) exprimant ma gratitude pour leur coaching et leur volonté à me défier à devenir une meilleure personne. J'enverrai ces lettres par courrier électronique au plus tard le samedi après-midi. » Assurez-vous donc d'écrire votre plan d'action dans votre journal de bord et de le revoir pour constater vos progrès et le réviser au besoin.

N'oubliez pas de demander l'aide des autres, d'évaluer vos progrès dans une période de temps précis et de vous récompenser pour vos progrès dans votre métamorphose en employé formidable.

Comment pouvez-vous vous motiver? Tout d'abord, gardez à l'esprit que, pour vraiment apprendre des exercices, vous devez faire un effort sérieux pour les réaliser. Personne ne vous servira « l'apprentissage » sur un plateau d'argent. **N'attendez pas les conditions idéales ni l'état de motivation optimal pour commencer les exercices.** Commencez un exercice et la motivation viendra sous peu. C'est exactement l'inverse de ce que nous serions tentés de faire d'habitude. Certes, nous pourrions attendre d'être motivés avant de commencer un projet, mais, en réalité, nous commençons à sentir la motivation s'installer seulement *après* l'avoir commencé! Nous ne réinventons pas la roue : « L'appétit vient en mangeant! » Une bonne approche est de vous dire que vous allez investir dix minutes dans un projet et si, à la fin des dix minutes, vous n'êtes toujours pas absorbé, vous pourrez vous donner la permission de passer à autre chose.

Rappelez-vous qu'il est naturel qu'un exercice vous rende mal à l'aise d'une manière ou d'une autre. C'est peut-être nouveau pour vous ou peut-être ne voyez-vous pas bien comment cela pourrait vous aider. Il peut être tentant d'abandonner lorsque nous avons l'impression que les choses sont difficiles ou qu'elles ne sont pas naturelles. Mais rassurez-vous, cela fait partie du processus d'apprentissage.

Parfois, nous rencontrons des gens super compétents qui font leur travail sans hésitation et, apparemment, sans effort. Il est facile d'oublier qu'ils ont eux aussi traversé les hauts et les bas du processus d'apprentissage. Par exemple, pensez aux acrobates du Cirque du Soleil qui semblent effectuer des cascades avec aisance et précision. Il leur a fallu beaucoup de répétition, de répétition et même des échecs occasionnels pour atteindre ce niveau de compétence.

Êtes-vous prêt à commencer votre voyage génial? Earl Nightingale nous dit : « Tout ce dont vous avez besoin, c'est le plan, la feuille de route et le courage d'atteindre votre destination. » J'espère que ce livre vous servira de guide et de feuille de route pour votre voyage vers l'excellence.

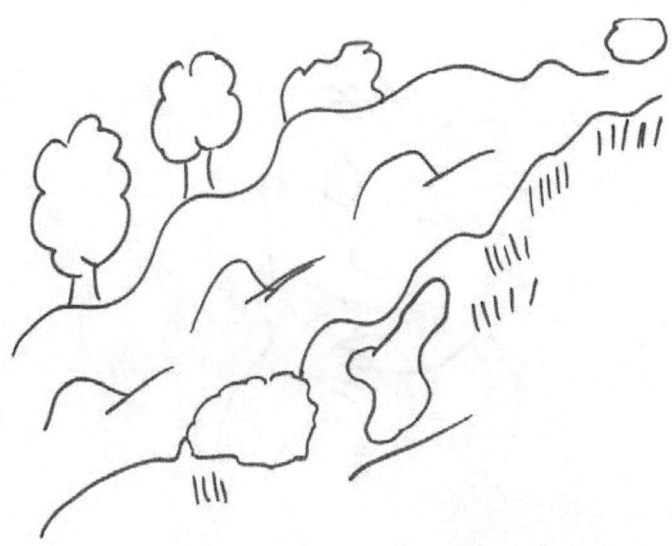

~ Si vous voulez avoir une vie formidable,
faites quelque chose de formidable tous les jours. ~

11

PARTIE 1 :
Se connaître soi-même

1

......

ÊTES-VOUS UN EMPLOYÉ FORMIDABLE?

« Nous sommes ce que nous faisons à plusieurs reprises.
L'excellence n'est donc pas un acte, mais une habitude. »
— Aristote

« Faites tout le bien que vous pouvez, par tous les moyens
possibles, de toutes les manières possibles, dans tous les endroits
où vous le pouvez, autant de fois que possible, à tous les gens que
vous pouvez, aussi longtemps que vous le pouvez. »
— John Wesley

Comment définiriez-vous ce que signifie être un employé
formidable? Comment votre superviseur le décrirait-il? Chacun a
ses propres perspectives sur les qualités essentielles d'un employé
formidable en fonction de ses expériences passées. Mais, comme

vous le découvrez dans cet exercice, quelques éléments primordiaux sont communs à tous les employés formidables.

Craignez-vous de ne pas être à la hauteur? D'avoir acquis de mauvaises habitudes avec le temps? Si c'est le cas, vous êtes comme la plupart des gens, alors, ne vous inquiétez pas. Personne n'est parfait. Nous avons chacun notre ensemble de forces et de faiblesses. Le point de départ de tout apprentissage et de toute croissance est de réaliser que vous avez des lacunes à combler et que vous pouvez devenir un employé plus efficace. La pire situation serait de vous ficher d'être un employé médiocre (préférant fermer les yeux sur votre contribution moins que brillante au travail), d'essayer de justifier vos comportements déplorables (« tout le monde le fait », « on ne me paye pas pour être gentil » ou « je m'en fous ») ou bien de simplement nier que vous êtes moins-que-parfait (c.-à-d. humain).

Certes, développer une conscience de soi précise et demander du feed-back honnête peuvent s'avérer inconfortable et gênant. **L'auto-illusion nous empêche souvent d'avoir une vision exacte de nous-mêmes.** Il se peut que nous nous considérions comme des employés formidables, alors que d'autres pourraient nous voir sous un jour différent. Nous pouvons nous tromper pour protéger notre image de soi, et nous pouvons aussi avoir peur d'entendre ce que les autres ont à dire. Parfois, les gens ne partagent pas leur feed-back parce que, d'abord, nous ne l'avons pas demandé, mais principalement, par crainte que leurs paroles ne soient mal interprétées et que la relation tourne au vinaigre. Donc, au lieu de souligner nos comportements et nos tendances peu reluisants et susceptibles de faire dérailler nos carrières et nos vies (par exemple, la paresse ou le fait de se plaindre constamment), les gens exprimeront plutôt quelque chose qui se veut neutre (par exemple, « Vous apportez une perspective différente aux situations. » « Vous êtes très relax. »). Il va sans dire que ce genre de feed-back ne vous conduira pas à l'excellence.

Voici votre défi en trois parties

Avec cet exercice, je vous invite à sortir de votre zone de confort et à déterminer où vous vous situez sur le continuum d'efficacité.

Partie 1

D'abord, pensez à votre comportement au travail au cours des deux dernières semaines. Si vous n'avez pas d'emploi, pensez à ce que vous faites à l'école ou bien en faisant du bénévolat. Compte tenu de cet échantillon, jugeriez-vous que vous êtes un employé formidable? Comment vous évalueriez-vous sur une échelle de 1 à 10 (10 = super formidable)? Justifiez votre évaluation. Écrivez vos réponses aux questions dans votre journal de bord.

Partie 2

Maintenant, passez en revue l'inventaire des comportements d'employés formidables à la page suivante. Prenez en note tous les items qui décrivent votre comportement au cours des deux dernières semaines. Dans votre journal de bord, indiquer (a) les éléments pour lesquelles vous avez reçu un score de 1 et (b) votre score total. Expliquer...

L'inventaire des comportements d'employés formidables

Évaluez la fréquence à laquelle vous vous engagez dans chacun des comportements suivants sur une échelle de 1 à 5 (1 = jamais; 5 = toujours). Ensuite, calculez votre score total.

Score	Comportements
Je suis ponctuel et présent!	
1.	Je me présente au travail à l'heure tous les jours.
2.	Je ne quitte pas le travail tôt.
3.	Je vais travailler tous les jours.
4.	Je téléphone pour me dire malade lorsque je suis malade. Je ne dis pas que je suis malade quand ce n'est pas la vérité.
5.	Je suis à l'heure et prêt pour les réunions.
6.	Je ne prends pas de pauses ni de *lunch* excessivement longs.
7.	Je me concentre sur mon travail quand je suis au bureau. Je ne mange pas mon *lunch*, etc. quand je devrais travailler. Je ne me toilette pas au travail (j'arrive au travail entièrement soigné et prêt à travailler).
8.	Je viens travailler dans un état qui convient au travail. Je n'arrive pas au travail super fatigué, souffrant de la gueule de bois, malade, ni sous l'emprise de drogues ni d'alcool.
J'ai une attitude positive!	
9.	Je démontre de l'intérêt et de l'initiative dans mon travail. J'essaie constamment de me développer en tant que personne et en tant qu'employé. J'essaie de développer mes connaissances et mes compétences.
10.	Je suis flexible, optimiste et orienté vers les solutions.
11.	Je prends la responsabilité de moi-même et je fais preuve de maitrise de soi.
12.	Je ne gémis pas, je ne me plains pas et je n'exerce pas une influence négative sur les autres.
13.	Je ne répands pas de rumeurs, de ragots ou de blagues méchantes.
14.	Je suis modeste et humble. Je ne me vante pas. En même temps, je ne rabaisse pas ou ne mets pas d'ombre sur les autres.

15. J'admets mes erreurs et j'essaie d'apprendre d'elles.

16. Je gère mes sentiments stressants au lieu de les propager.

17. J'ai un bon sens de l'humour.

18. J'essaie d'apprécier mon travail. Si je ne l'aime pas, je change d'attitude (je suis reconnaissant pour ce qui est bon dans mon travail), je change ce que je fais (j'en parle à mon superviseur), ou je passe à autre chose.

19. Je dis de bonnes choses à propos de mon employeur. Je ne le diffame pas sur Facebook ni ailleurs. Si je ne veux plus y travailler, je donne mon préavis et je pars. Mais, pendant que je suis là, j'essaie d'améliorer les choses.

Je développe des relations interpersonnelles positives!

20. Je communique honnêtement et diplomatiquement.

21. Je montre de l'intérêt pour les autres. Je suis accessible, gentil et généreux envers les autres.

22. Je sollicite et j'accepte les critiques constructives.

23. J'interagis de manière appropriée avec les autres et je suis respectueux envers les autres.

24. J'évite l'agression, les commentaires inappropriés et la médisance.

25. Je coopère avec mon superviseur et je l'appuie; je ne conteste pas mon superviseur.

26. Je tiens mon superviseur au courant.

27. Si j'ai un problème lié à mon supérieur, j'en parle directement à cette personne. Je ne lui passe pas par-dessus la tête.

28. Je travaille bien avec des personnes de diverses cultures, etc.

29. J'essaie d'inclure tout le monde dans les conversations; je m'assure que personne n'est exclu.

30. Je résous les conflits ou les malentendus par la résolution constructive de problèmes.

31. J'aide à développer l'esprit d'équipe et à contribuer à l'effort du groupe.

32. Mes courriels sont succincts, polis et positifs.

33. Je fais preuve de leadership. J'évite la passivité. J'essaie de donner un exemple positif aux autres.

Je fais mon travail!

34. Je suis les instructions/consignes verbales et écrites.

35.	Je fais un bon travail. Si je ne sais pas quoi faire, je demande de l'aide tout de suite (au lieu d'espérer que je vais comprendre ou faire un travail bâclé).
36.	Je commence à travailler rapidement et je reste concentré sur mes tâches. Je travaille fort.
37.	J'accomplis les tâches assignées à un rythme acceptable et à temps.
38.	Je fais mon travail assez rapidement pour ne pas faire attendre les gens.
39.	J'essaie de trouver des façons efficaces de faire mon travail.
40.	Je fais le travail correctement. Je fais mon travail au complet et avec soin. Je porte attention aux détails.
41.	Je suis organisé, je planifie mon travail et je respecte les échéances sans attendre à la dernière minute.
42.	Je travaille de façon indépendante sans avoir besoin de supervision, de direction ou d'encouragements constants.
43.	Je me motive à faire mon travail. Je fixe des objectifs et j'ai des normes personnelles élevées en matière de performance.
44.	Je ne me relâche pas lorsque mon superviseur n'est pas là.
45.	Je reconnais les problèmes et je développe des solutions.
46.	Je ne laisse pas les autres faire le travail à ma place.
47.	Je ne prétends pas être occupé.
48.	Je ne gaspille pas le temps des autres.
49.	Je ne m'attribue pas le crédit des réalisations des autres.
50.	Je suis les règles et les politiques de mon employeur. Je ne les ignore pas et je n'essaie pas de les contourner.
J'utilise la propriété de mon employeur d'une façon responsable!	
51.	Je ne vole pas d'argent, de choses ou de temps.
52.	Les fournitures de bureau restent au bureau.
53.	Je ne fais pas une utilisation personnelle de l'Internet (courriel, etc.), du photocopieur ou de l'imprimant au travail.
54.	Je ne remplis pas de faux rapports de dépenses.
55.	Je range mon cellulaire et je ne consulte pas Facebook, YouTube ou d'autres sites Web à moins que ce soit pour le travail.
56.	J'attends jusqu'à ma pause ou après le travail pour faire des affaires personnelles.
57.	J'utilise l'équipement et les biens avec soin.

	58. Je travaille d'une façon sécuritaire.
	59. J'utilise les matériaux judicieusement pour éviter le gaspillage.
	60. Je garde une zone de travail propre.
	61. Je nettoie après moi-même dans la salle de lunch, la salle de toilette, et ailleurs.
	62. Je ne fais pas l'imbécile, je ne manigance pas et ne m'insubordine pas au travail.
J'adopte un *look* professionnel!	
	63. Je maintiens un niveau d'hygiène personnelle raisonnable (toilettage).
	64. Je porte des vêtements appropriés (tenue).
	65. Je garde mon apparence propre (vêtements, cheveux, chaussures, ongles, etc.).
	66. **Autre (spécifiez) :**
	67. **Autre (spécifiez) :**
	68. **Autre (spécifiez) :**
	69. **Autre (spécifiez) :**
	70. **Autre (spécifiez) :**

Remarque : certains de ces comportements font partie d'une « liste de maturité au travail » que Bettina Lankard et ses collègues ont préparée pour aider les nouveaux employés à s'adapter à leur milieu de travail.

Partie 3

Maintenant que vous avez pris quelques minutes pour vous évaluer, **votre troisième étape** consiste à demander à au moins deux personnes (vos collègues, votre superviseur, etc.) de vérifier les éléments de l'inventaire qui vous décrivent. Plus vous aurez de commentaires, meilleur sera votre échantillonnage. Si vous demandez à plusieurs personnes de compléter l'inventaire sur vous, vous serez en mesure de rechercher des tendances dans leurs réponses. Dites-leur que cela fait partie de votre processus de développement personnel et que vous appréciez leur aide.

Il pourrait être difficile de demander leurs commentaires,

mais vous apprécierez une fois que vous les aurez reçus. À tout le moins, ils vous permettront de savoir comment ils vous perçoivent. S'il y a des perceptions erronées, ce sera votre chance de les éclaircir et de demander certaines clarifications face aux commentaires. Ou ils pourraient VOUS demander du feedback. Quoi qu'il arrive, un canal de communication sera ouvert. Gardez une trace de vos résultats dans votre journal de bord.

Réflexion
Répondez aux questions suivantes dans votre journal de bord :
1. Comment vous êtes-vous senti pendant cet exercice?
2. Combien d'articles avez-vous vérifiés sur l'inventaire? En examinant les éléments non démontrés, quelles raisons avez-vous pour ne pas les faire? Par exemple, travaillez-vous avec d'autres personnes qui ont une mauvaise influence sur vous? Est-ce que personne ne semble se soucier de ce que vous faites? Vous ennuyez-vous et à la recherche de distractions? Êtes-vous paresseux?
3. Autres commentaires face à l'exercice? Essayez de comprendre ce qui vous empêche de faire ces choses impressionnantes.
4. Est-ce que c'était difficile de demander de l'aide aux autres? Quelle était leur réponse?
5. Maintenant, regardez les inventaires fournis par autrui et comparez-les avec les vôtres. Quelles sont les différences et les similitudes? Comment pourriez-vous expliquer les différences d'opinions? Demandez à votre équipe de feed-back de vous aider à analyser ces différences et ces similitudes.
6. Plus globalement, que disent les résultats à votre sujet en tant qu'employé? Quelles sont vos forces et faiblesses?
7. Quelles leçons avez-vous apprises en faisant cet exercice?

Plan d'action

Dans votre journal de bord, décrivez les trois comportements que vous êtes prêt à commencer à faire et trois autres à arrêter de faire aujourd'hui qui vous aideront à devenir plus impressionnant. Indiquez les actions et les échéanciers spécifiques et comment vous évaluerez si vous avez terminé votre plan avec succès. C'est une bonne idée de planifier de refaire l'inventaire dans un proche avenir et de demander l'aide des autres pour évaluer vos progrès.

2

Qu'avez-vous appris sur le monde du travail en tant qu'enfant?

« Mes premiers souvenirs de mon père sont de le voir travailler à son bureau et de réaliser qu'il était heureux. Je ne le savais pas alors, mais c'était un des cadeaux les plus précieux qu'un père puisse donner à son enfant. » — Malcolm Gladwell

« Chaque expérience dans votre vie est orchestrée pour vous apprendre quelque chose que vous devez savoir pour aller de l'avant. » — Brian Tracy

Quand « Roxanne » réfléchit à ses premiers souvenirs d'employé formidable, les récits quotidiens de son père sur sa journée de travail qu'il racontait autour de la table au souper lui viennent à l'esprit. Son père, Robert, était un contremaitre d'usine, « un des gars », une personne qui aimait travailler dur et prendre une bière après le travail. Roxanne se sent nostalgique : elle peut revoir ses parents assis aux extrémités de la table, ses frères en face d'elle et sa sœur à côté d'elle. Sur la table sont

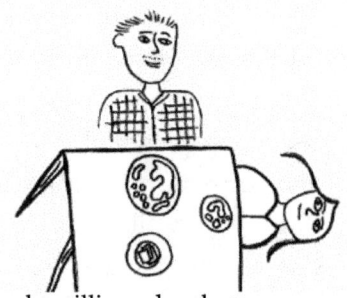

déposés un plat des pommes de terre bouillies, des betteraves en conserve, des côtelettes de porc très bien cuisinées, des carottes bien cuites ainsi que des tranches de pain maison avec de grosses croûtes épaisses (qu'elle s'amusait à aller cacher sous le plat de sa sœur). Son père se laverait les mains et le diner serait servi à précisément 17 heures comme tous les jours.

Son père racontait alors ce qui s'était passé sur son lieu de travail : les moments passionnants où le propriétaire de l'entreprise faisait le tour de l'usine et exprimait sa satisfaction pour le travail de Robert et ses collègues.

Robert n'aimait pas l'idée de la hiérarchie. Il s'assurait que les gars savaient quoi faire et il travaillait à leurs côtés pour faire des pièces. Il prenait parfois le temps d'aider quelqu'un à appliquer un truc ou autre chose. Il était là pour aider. Il *lunchait* avec les gars dans la salle à manger et échangeait avec eux. Roxanne entendrait des histoires heureuses de célébrations, de tristes histoires d'employés blessés et des histoires épuisantes sur les heures supplémentaires pour compléter les commandes.

Une année, Robert a remporté le prix « employé de l'année » : on lui avait remis une veste très chère en cuir rouge brillant avec un énorme écusson sur le bras indiquant « EMPLOYÉ DE L'ANNÉE ». Robert avait gracieusement accepté la veste, mais il était gêné de la porter. Il ne l'a donc jamais fait. Il a attribué le succès de l'usine aux gars; le port de la veste lui aurait donné l'air de penser qu'il était spécial.

Travailleur dévoué, Robert a travaillé jusqu'au jour fatidique où il s'est blessé au dos. Le nouveau propriétaire de l'entreprise faisait pression sur les employés pour qu'ils travaillent beaucoup, beaucoup plus fort et beaucoup plus vite. Ils devaient aussi suivre une formation complexe sur les « processus de travail ». Cela dit, Robert travaillait en équipe avec les gars. Il travaillait dur, s'entendait bien avec eux et restait loyal et humble en tout temps.

Alors, quand Roxanne pense à ce qu'il faut faire pour être un bon employé, elle pense à l'exemple que son père lui avait donné. Voici ce qu'elle a retenu de Robert :

- Les bons employés travaillent fort et sont dévoués à leurs employeurs.
- Les bons employés sont égalitaires : ils traitent leurs collègues comme des collaborateurs plutôt que comme des faire-valoir.
- Ils laissent les employés tranquilles pour faire leur travail, mais les aident en cas de besoin. Ils sont disponibles et serviables, mais pas excessifs.
- Ils offrent une reconnaissance appropriée à leurs collègues : des expressions d'appréciation informelles et continues sont plus appréciées que des évènements ponctuels qui singularisent et gênent les employés.
- La célébration des succès et le soutien pendant les périodes difficiles sont des éléments importants de la vie au travail.
- Apprendre à connaitre les employés comme des personnes (avec des familles et des vies en dehors du lieu de travail) et leur permettre de connaitre leur collègue de la même manière favorise une meilleure compréhension mutuelle.
- Établir des relations solides avec d'autres personnes aide non seulement à faire le travail, mais rend également le milieu de travail plus humain.
- Il faut être en mesure de se mettre en priorité (soi et sa famille). Il ne faut pas présumer — erronément — que les autres ont à

cœur les intérêts d'autrui. Malheureusement, certaines personnes vont en profiter et il faut savoir quand rester, quand se battre et quand laisser tomber.

Roxanne était fière de son père comme elle savait qu'il était fier de son travail. Il était toujours tellement excité de faire une petite visite de l'usine avec ses enfants, à l'occasion. Par contre, Roxanne était aussi triste que les dernières années de son père à l'usine aient été difficiles et qu'elles se soient terminées abruptement. Roxanne s'est donc jurée d'accorder une attention particulière à la mémoire organisationnelle et au dévouement à long terme des employés. Ces souvenirs restent gravés dans le cœur de Roxanne. Lorsqu'elle est confrontée à des choix difficiles, elle se demande souvent ce que son père ferait, car elle sait qu'il a toujours fait la bonne chose – à une exception près (ne pas prendre soin de lui-même).

Voici votre défi

Afin de vous aider à réfléchir à vos premiers modèles d'employés formidables, je vous invite à réfléchir à votre première exposition au monde de travail. Il pourrait s'agir de vos parents, vos grands-parents ou toute autre personne que vous avez côtoyée. Tout comme Roxanne l'a fait ci-dessus, préparez une histoire qui raconte la façon dont vous avez découvert le monde du travail. Écrivez-la dans votre journal de bord et partagez-la avec votre équipe de feed-back. Demandez l'aide des membres de votre équipe pour interpréter votre histoire.

Réflexion

Écrivez vos réponses aux questions suivantes dans votre journal de bord :

1. Quelles sont vos réactions à l'histoire de Roxanne? Comment pensez-vous que son expérience a façonné sa propre approche pour devenir un employé formidable?
2. Comment vous êtes-vous senti en préparant votre anecdote? Comment réfléchir à vos premières expériences vous a-t-il aidé à les comprendre et à les mettre en perspective?
3. Comment votre histoire personnelle a-t-elle influencé la façon dont vous comprenez le monde du travail?
4. Quelles leçons avez-vous tirées de ces premières expériences?

Plan d'action

Dans votre journal de bord, décrivez trois choses que vous allez (a) faire et (b) éviter de faire pour devenir un employé formidable dès maintenant. Ces actions peuvent servir de principes clés qui guident vos attitudes et vos comportements au travail et ailleurs. Indiquez les actions et les échéanciers spécifiques et comment vous évaluerez si vous avez terminé votre plan avec succès.

3

Avez-vous la personnalité d'un employé formidable?

« Sois toi-même; tous les autres sont déjà pris. » — Oscar Wilde

« La plus grande des fautes, je dirais, c'est de penser
qu'on n'en a pas. » — Thomas Carlyle

« Il [le diamant] a de la lumière en lui, mais une coupe est
nécessaire. Il ne peut pas dévoiler cette lumière et cette brillance
avant d'être coupé. La même chose s'applique à la personnalité
(vous devez polir votre diamant). »
— Maître Sufi Hazrat Inayat Khan

Quelle est la meilleure personnalité à avoir en tant qu'employé formidable? Voilà une question que vous pourriez vous poser. Ne vous inquiétez pas; il n'y a pas de personnalité « idéale », mais, bien sûr, certaines « gammes » de traits de personnalité sont plus efficaces que d'autres. La façon la plus commune de penser à la personnalité est en fonction des traits *Big Five*. En utilisant l'anagramme OCÉAN, ces traits représentent l'<u>O</u>uverture à l'expérience, la <u>C</u>onscienciosité, l'<u>E</u>xtraversion, l'<u>A</u>gréabilité et le <u>N</u>évrosisme (ou son opposé, la stabilité émotionnelle).

Voici votre défi

Avant d'approfondir ce sujet, je vous invite à réfléchir à votre propre personnalité. Regardez le tableau sur la page suivante et cochez ou colorez les cellules qui reflètent avec précision qui vous êtes (et non qui vous voudriez être). **Pensez à la façon dont vous êtes généralement**; ne vous basez pas sur les moments où vous êtes en proie à un stress important. Demandez aux trois autres personnes de faire de même. J'ai inséré <u>quatre</u> exemplaires du tableau sur les pages suivantes qu'ils peuvent remplir. Ne leur montrez pas votre évaluation personnelle, car cela pourrait influencer leurs réponses et vous voulez obtenir des évaluations impartiales de leur part!

Exercice de personnalité
(votre copie)

Instructions : Pour chaque trait, placez un X dans la cellule qui correspond le mieux à votre état général (et non lorsque vous êtes détendu ou stressé). Expliquez vos choix dans la section Commentaires.

	7 Extrêmement élevé	6 Très élevé	5 Élevé	4 Neutre	3 Plutôt bas	2 Bas	1 Extrêmement bas
Ouverture à l'expérience créatif, curieux, ouvert d'esprit							
Conscienciosité discipliné, responsable, fiable, persévérant							
Extraversion volubile, actif, sociable, vif							
Agréabilité gentil, accorde sa confiance, coopératif, reconnaissant							
Névrosisme irritable, sur la défensive, sensible, craintif							

29

Commentaires (exemples/justification de mes notes) :

Exercice de personnalité

(Copie # 1)

Instructions : Pensez à la personne qui vous a demandé de remplir ce tableau. Pour chaque dimension, placez un X dans la cellule qui correspond le mieux à la façon dont elle est généralement (pas quand elle est détendue ou stressée). Expliquez vos choix dans la section Commentaires.

| | 7 | 6 | 5 | 4 | 3 | 2 | 1 |
	Extrêmement élevé	Très élevé	Élevé	Neutre	Plutôt bas	Bas	Extrêmement bas
Ouverture à l'expérience créatif, curieux, ouvert d'esprit							
Conscienciosité discipliné, responsable, fiable, persévérant							
Extraversion volubile, actif, sociable, vif							
Agréabilité gentil, accorde sa confiance, coopératif, reconnaissant							
Névrosisme irritable, sur la défensive, sensible, craintif							

Commentaires (exemples/justification de mes notes) :

Exercice de personnalité

(Copie # 2)

Instructions : Pensez à la personne qui vous a demandé de remplir ce tableau. Pour chaque dimension, placez un X dans la cellule qui correspond le mieux à la façon dont elle est généralement (pas quand elle est détendue ou stressée). Expliquez vos choix dans la section Commentaires.

	7 Extrêmement élevé	6 Très élevé	5 Élevé	4 Neutre	3 Plutôt bas	2 Bas	1 Extrêmement bas
Ouverture à l'expérience créatif, curieux, ouvert d'esprit							
Consciencieusité discipliné, responsable, fiable, persévérant							
Extraversion volubile, actif, sociable, vif							
Agréabilité gentil, accorde sa confiance, coopératif, reconnaissant							
Névrosisme irritable, sur la défensive, sensible, craintif							

Commentaires (exemples/justification de mes notes) :

Exercice de personnalité
(Copie # 3)

Instructions : Pensez à la personne qui vous a demandé de remplir ce tableau. Pour chaque dimension, placez un X dans la cellule qui correspond le mieux à la façon dont elle est généralement (pas quand elle est détendue ou stressée). Expliquez vos choix dans la section Commentaires.

	7 Extrêmement élevé	6 Très élevé	5 Élevé	4 Neutre	3 Plutôt bas	2 Bas	1 Extrêmement bas
Ouverture à l'expérience créatif, curieux, ouvert d'esprit							
Conscienciosité discipliné, responsable, fiable, persévérant							
Extraversion volubile, actif, sociable, vif							
Agréabilité gentil, accorde sa confiance, coopératif, reconnaissant							
Névrosisme irritable, sur la défensive, sensible, craintif							

Commentaires (exemples/justification de mes notes) :

Bon! Est-ce que trois personnes ont complété les tableaux prévus à cet effet dans votre livre? Si non, faites un suivi avec eux; ça en vaut la peine. Une fois les tableaux complétés, vous devez fusionner tous les résultats sur votre propre tableau. Déterminez votre évaluation « moyenne » pour chaque trait de personnalité.

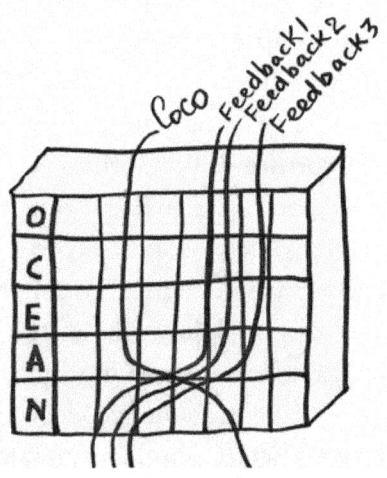

Par exemple, « Coco » s'est donnée une note de 6 pour l'extraversion et les membres de son équipe lui ont attribué respectivement 3, 3, et 2. L'évaluation moyenne de Coco est donc de 3,5 pour l'extraversion (somme des scores 6+3+3+2 divisé par 4 personnes), ce qui est moins élevé (de 2,5 points) par rapport à sa propre évaluation. Coco a fait la moyenne pour chaque trait de personnalité et a obtenu les résultats suivants : 3,5 dans l'Ouverture à l'expérience, 3,5 dans la Conscienciosité, 3,5 dans l'Agréabilité et 5,25 dans le Névrosisme. Indépendamment des scores, toutefois, nous pouvons voir à partir du dessin que l'évaluation personnelle de Coco diffère significativement de celle de son équipe. Elle doit réfléchir à la raison pour laquelle ses perceptions personnelles sont si différentes de celles des autres.

Dans votre journal de bord, insérez :
1. Votre tableau et vos commentaires
2. Les tableaux et commentaires de trois personnes
3. Un tableau sur lequel les résultats ont été fusionnés
4. Vos évaluations moyennes pour les cinq dimensions

Maintenant, voici plus d'informations sur chacun des traits de personnalité selon un article d'Oliver John et Sanjay Srivastava.

Les gens qui ont des scores modérément élevés dans l'**O**uverture à l'expérience ont tendance à être très curieux du monde autour d'eux. Ils sont imaginatifs, innovateurs, inventifs et originaux. Ils sont ouverts d'esprit, flexibles, ouverts aux perspectives des autres, aux changements, aux nouvelles idées et aux diverses possibilités. Ils ont un large éventail d'intérêts, y compris l'art, la littérature et la musique.

En revanche, ceux qui sont plus bas sur cette échelle ont tendance à être plus hésitants quant à la nouveauté et aux nouvelles façons de faire les choses. Ils sont plus traditionnels et passeront un certain temps à réfléchir à de nouvelles idées ou approches, mais seront ouverts à l'avancement quand des explications rationnelles leur seront proposées.

Habituellement, l'ouverture à l'expérience est associée à une créativité accrue dans le milieu de travail. Par contre, lorsque ce trait de personnalité est très fort, il peut s'agir d'une recette pour le désastre. Trop d'ouverture conduit à l'imprévisibilité, à la témérité (prise de risque imprudente), à la flexibilité exagérée (incohérence) et à l'indécision (en raison d'un trop grand nombre d'options ou possibilités).

À l'autre extrémité du continuum se trouve l'**étroitesse d'esprit** caractérisée par la rigidité, l'inflexibilité, la résistance au changement, une gamme étroite d'intérêts et le manque d'écoute pour les idées des autres.

La **C**onsciencosité est la pièce de résistance de la personnalité. C'est le trait de personnalité qui détermine la réussite dans la vie (y compris la santé personnelle) et dans le milieu de travail en particulier en tant qu'employé formidable. Avec l'extraversion et l'ouverture à l'expérience, ce trait est associé à

38

l'émergence du leadership (c'est-à-dire la possibilité de devenir un leadeur). Les gens qui sont moyennement élevés dans la conscienciosité sont auto-disciplinés, organisés, persévérants, approfondis, méthodiques, analytiques, responsables, fiables, axés sur les résultats et travaillants. Ils sont capables de contrôler leurs impulsions, de penser avant d'agir, de retarder la gratification ainsi que de suivre les règles et les normes.

Par contre, lorsqu'elle est trop forte, la conscienciosité « inadaptée » peut conduire à l'obsession des détails, à la prudence excessive, à l'entêtement, à la rigidité, aux compulsions et aux obsessions (l'ordre, par exemple).

Son opposé, l'**impulsivité**, est caractérisé par la négligence, l'insouciance, la désorganisation, la frivolité, l'irresponsabilité, l'insatisfaction, l'incertitude, l'oubli de ses engagements, la distraction, la paresse, le non-respect des règles, la prise de risques et les comportements impulsifs (par rapport aux dépenses, à la conduite, au sexe, à la consommation et à d'autres habitudes de vie). Ces individus s'ennuient facilement et ont tendance à agir en fonction de leur intuition sans réfléchir à leurs actions.

Ceux qui ont un score moyennement élevé dans l'**Extraversion** ont tendance à être bavards, sociables, actifs, ouverts, énergiques, enthousiastes et à la recherche de l'excitation. Ils aiment être le centre d'attention.

En revanche, ceux qui se retrouvent plus bas sur cette échelle, **les introvertis**, n'aiment pas attirer l'attention sur eux. Ils ont tendance à être discrets (surtout avec les gens qu'ils ne connaissent pas), calmes, réservés et réfléchis. Ils aiment penser avant de parler et ils ont tendance à être de bons auditeurs. Indépendants, ils préfèrent également les petits groupes et ils ont besoin de passer du temps seuls pour se ressourcer.

Comme vous pouvez l'imaginer, toutes les qualités que nous venons de mentionner contribuent à façonner des employés formidables. Vous pouvez être un introverti et être un employé exceptionnel. J'insiste sur ce point parce que certains introvertis pensent qu'ils ne peuvent pas être de bons employés ni des leaders. C'est absolument faux! Les introvertis peuvent devenir de formidables employés et de grands leaders qui rendent subtilement le monde meilleur. Ils auront leur propre façon de s'impliquer dans le monde social autour d'eux (tout comme les extravertis). Les grands leaders ont souvent un score moyen sur l'échelle d'extraversion.

En revanche, les extravertis extrêmes peuvent avoir de la difficulté à écouter parce qu'ils sont trop occupés à parler. Ils peuvent également vivre la majorité de leur vie dans le monde extérieur et, par conséquent, avoir beaucoup de mal à réfléchir et à bâtir leur conscience intrapersonnelle (leur conscience d'eux-mêmes). Ils peuvent avoir de la difficulté à être seuls et peuvent même être intrusifs dans leurs relations parce qu'ils cherchent souvent à interagir. À leur pire, ils peuvent devenir narcissiques, autoritaires et dominants. L'extraversion prédit le succès dans les postes de vente.

Les introvertis extrêmes, d'autre part, ont tendance à fuir les interactions sociales. Ils peuvent être retirés et évitants, éloignés et désengagés, inhibés, timides et même reclus. À éviter!

Les individus qui obtiennent un score élevé dans l'**Agréabilité** sont sympathiques, attentionnés, chaleureux, appréciatifs, confiants, tolérants sympathiques, humbles (pas vantards), gentils, doux, coopératifs, affectueux, généreux et désintéressés. Ce sont de « bonnes personnes » avec qui les gens aiment passer du temps et qu'ils aiment avoir comme amis et collègues.

Est-il possible d'être trop agréable? En fait, cela dépend. Parfois, si les gens agréables sont trop complaisants et tolérants, les autres peuvent en profiter. En outre, ils peuvent parfois avoir du mal à prendre des décisions difficiles lorsqu'elles impliquent le facteur humain. Donc, ils ont besoin d'équilibrer leur amabilité avec une forte épine dorsale : être gentil, mais être en mesure de faire des choix difficiles.

Pour leur part, les gens qui manquent d'agréabilité sont **hostiles**. Ils peuvent être méchants, méfiants, ingrats, durs, critiques et obstinés. À leur pire, ils sont grossiers, méprisants, hostiles, querelleurs, vengeurs, rigides, manipulateurs, froids, calculateurs, insensibles, rusés, antisociaux et même paranoïaques. À éviter, bien sûr!

Enfin, le **Névrosisme**, à des niveaux modérés à élevés, se caractérise par le pessimisme, l'anxiété, la tension, la nervosité, la dépression, l'irritabilité, la vulnérabilité, l'inquiétude excessive, la crainte, l'insécurité, la réactivité élevée, l'apitoiement sur son sort, l'humeur instable, l'émotivité et le fait d'être sur la défensive. Ces individus sont facilement bouleversés, capricieux et sujets à la détresse. Ils éprouvent et expriment des émotions négatives et ont de fortes réactions émotionnelles négatives liées au stress. Ils sont sensibles, susceptibles et prennent les choses de manière personnelle (indûment). La détresse, la réduction de la santé psychologique et physique, la mauvaise performance au travail et les problèmes relationnels sont caractéristiques des personnes atteintes de névrosisme élevé.

En revanche, les individus avec de hauts niveaux de **stabilité émotionnelle** sont tempérés, calmes, satisfaits, pas facilement bouleversés, détendus et optimistes. Ils gèrent bien le stress en mettant les choses en perspective. Des niveaux élevés d'agréabilité et de stabilité émotionnelle sont associés à des niveaux élevés de performance dans les emplois nécessitant un travail en groupe. Par contre, un niveau d'affect négatif élevé et un faible niveau d'agréabilité sont associés à une mauvaise santé personnelle.

Maintenant, passons à l'interprétation de vos résultats.

1. Il y a une **gamme de niveaux** pour chacun des traits de personnalité. Ce n'est pas une question de « vous l'avez ou vous ne l'avez pas »; il y a plus que deux options. Par exemple, vous pouvez être un mélange d'extraversion et d'introversion en fonction de votre niveau de confort dans une situation sociale donnée.

2. Lorsqu'un des traits de personnalité est **surdimensionné** (extrêmement élevé) ou **significativement sous-développé** (extrêmement faible), il a tendance à être malsain. Cela signifie que même les traits considérés positifs, lorsqu'ils sont poussés à l'extrême, peuvent s'avérer préjudiciables (sauf en ce qui concerne la stabilité émotionnelle).

3. En situation de **stress extrême**, notre comportement est susceptible d'être très différent par rapport à la normale. Les gens pourraient dire qu'ils ne sont pas « eux-mêmes. » Il est donc important de **considérer votre comportement habituel.** Ceci étant dit, il peut être utile de considérer votre « profil de personnalité en période de stress » (par exemple, vous avez généralement un score de névrosisme de 1 mais, sous un stress extrême, il grimpe à 7).

4. Même si la personnalité est considérée comme relativement stable, **il est possible de développer des aspects de votre personnalité** en changeant vos schémas de pensées et vos comportements pour obtenir des effets positifs.

5. Il est utile de regarder votre propre « modèle » du *Big Five*. Pris ensemble, que disent vos traits à propos de vous? Les chercheurs Oliver John et Sanjay Srivastava ont trouvé des **liens entre trois « modèles » et l'ajustement psychologique.** Les *résilients* ont eu les meilleurs résultats pour l'ajustement psychologique. Ils avaient des niveaux modérément élevés d'ouverture, de consciencieux, d'extraversion, d'agréabilité et

de stabilité émotionnelle. En revanche, les *supercontrôleurs* et les *sous-contrôleurs* ont tous deux présenté un mauvais ajustement psychologique. Les *supercontrôleurs* anxieux avaient des niveaux élevés d'agréabilité et de conscienciosité, mais de faibles niveaux d'extraversion. Les sous-contrôleurs en conflit avaient de faibles niveaux d'agréabilité et de conscienciosité ainsi que des niveaux élevés de névrosisme.

Pourquoi devons-nous nous préoccuper de la personnalité? Eh bien, cela affecte ce que vous pensez, dites et faites, ce qui influe sur l'impact que vous pouvez avoir en tant qu'employé. Comprendre votre personnalité vous aidera à mieux vous comprendre, à vous accepter et à apprécier vos forces. Les gens ont plus d'énergie, ressentent plus d'émotions positives et performent mieux lorsqu'ils utilisent leurs forces innées. Comprendre votre personnalité vous aidera à choisir une carrière dans laquelle vous pourrez prospérer et vous épanouir, plutôt que simplement survivre. De plus, si vous connaissez vos faiblesses, vous pouvez devenir plus conscient des situations qui font appel à elles et qui drainent votre énergie.

Nous sommes tous une combinaison de forces et de faiblesses. Selon Rob Goffee et Gareth Jones, si nous essayons d'avoir l'air parfaits, cela semble vaniteux et faux. Mais, quand nous montrons que nous ne sommes pas parfaits et que nous avons des bizarreries particulières (exemple : avoir besoin d'un temps de travail concentré), cela peut nous rendre plus sympathiques aux yeux des autres. En même temps, la divulgation de toutes nos faiblesses peut miner la façon dont les autres nous voient. Nos coéquipiers n'ont pas besoin de savoir que nous avons un problème d'excès de gaz intestinaux.

Réflexion

Écrivez vos réponses aux questions suivantes dans votre journal de bord.

1. Comment décririez-vous votre personnalité? Quelles sont vos forces et vos faiblesses?

2. Quelles forces spéciales avez-vous qui sont essentielles à ce que vous ayez à offrir à votre employeur? En d'autres termes, qu'est-ce qui vous distingue de la meute?

3. Quelles sont les faiblesses que vous êtes à l'aise de divulguer aux autres?

4. Comment vos forces et vos faiblesses peuvent-elles influencer votre capacité à être un employé formidable?

5. Comment votre évaluation personnelle correspond-elle à la façon dont les autres vous ont évalué? Y a-t-il eu des surprises? Si parfois nous ne montrons pas le vrai « nous » aux autres, alors ils obtiennent une image déformée de qui nous sommes. Dans le même temps, d'autres sont parfois capables de mieux reconnaitre nos forces et nos faiblesses que nous ne le pouvons nous-mêmes. Si vous êtes confus au sujet des commentaires que vous avez reçus des autres, demandez-leur des exemples afin que vous sachiez pourquoi ils vous considèrent comme un extraverti extrême, par exemple.

Plan d'action

1. **Miser sur vos forces** : avez-vous déjà rencontré quelqu'un qui semblait tout avoir? Cette personne semble être populaire, avoir un don avec les gens et attirer le succès à chaque tournant. Il pourrait être tentant d'essayer d'être comme cette personne, mais, comme le suggère la citation d'Oscar Wilde en début de chapitre, devenir la meilleure version de vous-même est la meilleure chose à faire. Le photographe renommé Chase Jarvis suggère que nous devrions identifier et développer notre

combinaison unique de points forts, c'est-à-dire notre *mojo*. Il propose que nous nous demandions : « Quel est mon *mojo* et comment puis-je essayer de l'amplifier? » Décrivez votre réponse à cette question dans votre journal de bord.

2. **Traitez vos faiblesses :** tout le monde a des faiblesses ou des aspects qui doivent être développés. En considérant vos faiblesses, quelles sont les cinq mesures précises que vous prendrez dès maintenant pour les résoudre? Par exemple, si vous avez un faible niveau d'ouverture, quelles mesures prendrez-vous dorénavant pour être plus disposé à adopter différentes perspectives? Si vous êtes très introverti, vous pourriez envisager de faire une expérience dans laquelle vous « agissez de manière audacieuse, énergique, active, assertive et aventureuse ». C'est d'ailleurs ce que suggèrent John Zelenski, Maya Santoro et Deanna Whelan de l'Université de Carleton. Dans leur étude, ils ont trouvé que les introvertis se sentaient mieux après avoir agi comme s'ils étaient extravertis. D'un autre côté, si vous êtes un extraverti, qu'allez-vous faire pour devenir plus réfléchi et calme? On a dit que parce que nous vivons dans une société extravertie, les introvertis ont l'habitude de devoir s'exprimer dans une situation sociale alors que les extravertis peuvent trouver particulièrement difficile d'être réfléchi. Or les deux sont nécessaires pour atteindre l'équilibre dans la vie, tels le yin et le yang. Décrivez vos réponses à ces questions dans votre journal de bord.

3. **Développez votre niveau de conscience de so**i : il est important de continuer à chercher des moyens de développer votre conscience de soi. L'évaluation de votre personnalité est l'une des nombreuses choses que vous pouvez faire pour devenir plus conscient de qui vous êtes en tant que personne. Rob Goffee et Gareth Jones proposent quatre approches principales : (a) recherchez activement de nouvelles expériences et de

nouveaux défis; faire des choses qui vous font sortir de votre zone de confort; (b) sollicitez des commentaires francs qui vous aideront à grandir en tant que personne; (c) lisez des biographies pour voir comment les grands leaders ont géré leurs forces et leurs faiblesses; et (d) comprenez l'influence de votre passé, en particulier les évènements significatifs, sur votre comportement actuel. Quelles actions spécifiques allez-vous entreprendre dès maintenant à cet égard? Décrivez votre réponse à cette question dans votre journal de bord.

4. **Prenez votre feed-back au sérieux** : lorsque les gens prennent le temps de vous donner leur avis, il est important de le prendre au sérieux. Pourriez-vous identifier un élément récurrent dans leurs commentaires que vous souhaitez modifier? Cela pourrait être une perception positive (peut-être qu'ils pensent que vous êtes plus gentil que vous ne l'êtes réellement) ou une perception négative (peut-être qu'ils pensent que vous êtes de mauvaise humeur alors que c'est faux). Réfléchissez aux raisons de ces perceptions et à ce que vous avez pu faire pour contribuer à leur développement. Identifiez trois actions que vous entreprendrez dès maintenant pour changer les perceptions que les gens ont de vous. Gardez une trace de vos plans dans votre journal de bord.

Voici quelques conseils supplémentaires pour développer votre personnalité :

• Prenez le temps de réfléchir avant de prendre des décisions. N'agissez pas comme une « poule sans tête » en agissant ou en prenant des décisions sans y avoir d'abord réfléchi. Ne précipitez pas la prise de décisions, mais ne traînez pas inutilement non plus. Évitez la paralysie de l'analyse : il faut parfois passer à autre chose!

• Gardez les choses en perspective; prenez un pas de recul et regardez la situation dans son ensemble. Ne vous perdez pas dans les arbres sans voir la forêt dans laquelle vous vous trouvez. En même temps, si vous avez seulement une perspective globale d'une situation, demandez-vous sur quels faits elle se fonde.

- Apprenez de chaque situation. Réfléchissez, trouvez les leçons qu'une situation présente, planifiez de changer votre comportement, puis faites-le. C'est ainsi que les gens grandissent en confiance et en maturité.
- N'imposez pas votre façon de faire aux autres. Ne soyez pas intransigeant : il n'y a pas que *votre* façon de faire. Essayez de voir les choses du point de vue des autres. Comprenez que tout le monde a sa propre façon de voir les choses. Le fait qu'ils pensent différemment ne signifie pas qu'ils ont tort.
- Appréciez vos forces. Trouvez un emploi où vous utiliserez principalement vos forces. Évitez les emplois qui vous demandent d'utiliser vos faiblesses (par exemple, travailler dans la vente si vous êtes introverti).
- Admettez vos faiblesses. Tout le monde en a. Regardez ce que vous pouvez faire pour les atténuer, de sorte qu'ils ne deviennent pas de graves lacunes susceptibles de couler votre carrière – et vous avec elles!
- Sortez et parlez aux gens, même en petits groupes. Exprimez vos idées. C'est bien de planifier ce que vous direz. Réalisez que la seule façon de se sentir plus à l'aise avec les autres est d'être avec d'autres personnes — petit à petit.
- Ne vous invitez pas dans les conversations; personne n'apprécie les personnes dominantes qui semblent insensibles aux réactions des autres à leur égard. Vous pouvez penser que vous êtes « expressif », mais d'autres peuvent ne pas partager votre opinion. Soyez conscient de l'impact que vous avez sur les autres. Si vous parlez trop, arrêtez de parler et prenez le temps d'écouter. Essayez de réfléchir avant de parler ou d'agir.

Montrez de l'intérêt pour les autres; posez-leur des questions et écoutez leurs réponses.

- Vivez un peu et soyez ouvert à de nouvelles expériences. À moins de faire un effort de vous ouvrir et d'essayer de nouvelles choses, votre monde restera très limité. Si vous vous fermez aux nouvelles expériences, vous ne grandirez pas en tant que personne.

- Soyez fiable, responsable et travailleur. Donnez suite à vos engagements. Si vous avez du mal à faire cela, voici de quoi vous faire revenir sur Terre : une carrière réussie vous n'aurez pas.

- Soyez consciencieux, mais sans exagérer. La perfection n'existe pas dans ce monde. Attendre la perfection chez soi et chez les autres est une recette pour l'échec. En outre, les gens qui sont durs avec les autres sont généralement très durs envers eux-mêmes.

- Entendez-vous avec les autres. Si vous êtes un pauvre bougre hostile et misérable qui a du mal à s'accorder avec autrui, changez votre fusil d'épaule. Les gens sont généralement plutôt gentils une fois que vous les connaissez, pour peu que vous vous en donniez la peine. Soyez amical, agréable, poli et agréable envers les autres et ils feront généralement la même chose en retour.

- Si vous êtes trop gentil, veillez à ce que les autres ne profitent pas de votre gentillesse. Tout le monde ne joue pas équitablement, et vous pourriez être écrasé par des gens manipulateurs qui n'hésiteront pas à vous utiliser à leur avantage. Soyez prêt à vous défendre et à poser vos limites. Si les gens vous demandent de faire leur travail à leur place ou s'ils échouent constamment à faire ce qu'ils ont dit qu'ils feraient, vous devez régler la situation.

- Si vous êtes enclin à être de mauvaise humeur, déprimé ou anxieux, envisagez la thérapie cognitivo-comportementale. La thérapie cognitivo-comportementale est conçue pour les personnes qui ont du mal à gérer leurs émotions. Vous ne voulez pas faire ça? Alors, à tout le moins, trouvez un bon livre sur ce sujet (il y en a beaucoup), et essayez de gérer vos émotions pour qu'elles soient constructives et positives.

4

Êtes-vous absorbé par vous-même?

« Il n'y a pas de plus petit paquet dans le monde que celui d'un homme tout enveloppé sur lui-même. Lorsque nous sommes tous enveloppés dans nos soucis, nos sentiments de culpabilité et nos insécurités, plutôt qu'être une partie du monde que nous habitons, nous sommes en dehors : l'auto-absorption nous exclut de ce monde. Plutôt que de réfléchir à la vie et à ses significations, nous nous perdons dans notre propre réflexion. » — William Sloane Coffin

« Les gens qui savent qu'ils sont importants pensent aux autres. Les gens qui pensent qu'ils sont importants pensent à eux-mêmes. » — Hans F. Hansen

« Vous pouvez vous faire plus d'amis en deux mois en vous intéressant à d'autres personnes que vous ne le pouvez en deux ans en essayant d'intéresser les gens à vous. » — Dale Carnegie

Vous connaissez surement quelqu'un qui est absorbé par lui-même. Peut-être cette personne qui s'est assise à côté de vous lors d'un diner, celle qui a parlé sans interruption d'elle-même pendant toute la soirée? Elle a parlé de ses expériences, de ses sentiments, de ses opinions, de ses biens, de son *tout*, sans jamais vous interroger. Vous avez essayé d'être cordial, poli, gracieux, probablement en risquant une opinion personnelle ou une anecdote, mais cela ne l'a pas empêchée de continuer. Un simple petit signe d'intérêt de votre part et elle se relançait dans un monologue interminable (« et c'est reparti! »). Vous avez fini par parler très peu, de peur de l'inciter à recommencer de plus belle. Était-ce un incident isolé ou vous êtes-vous surpris du nombre de personnes qui semblent s'intéresser principalement à « Je, Me, Moi »?

Être obnubilé par soi-même n'est clairement pas bien vu. Les personnes qui présentent ce trait sont souvent évitées. Les gens peuvent les considérer comme égoïstes, narcissiques ou égocentriques. Comme elles sont moins sensibles aux besoins des autres, ces personnes sont souvent les dernières à reconnaître les impressions négatives qu'elles laissent sur leur passage. Elles peuvent même penser qu'elles impressionnent les gens avec leurs exploits, mais elles n'y sont pas du tout. Les personnes « auto-absorbées » se concentrent sur leurs propres besoins et souhaits, souvent au détriment de ceux des autres.

Il va sans dire que **les employés formidables ne se préoccupent pas que d'eux-mêmes**. Ce sont des gens attentionnés qui s'intéressent sincèrement au monde qui les entoure et qui sont conscients de leur impact sur les autres.

Comment savoir si vous êtes obnubilé par vous-même? Vous l'êtes probablement si :

- Vous monopolisez le temps de conversation.
- Vous utilisez le pronom personnel de la première personne (je)

de manière excessive (par exemple, une phrase sur deux).

- Vous évitez de poser des questions aux autres.
- Vous reliez tous les propos des autres à votre propre personne.
- Vous devez être le centre de l'attention à tout prix (sinon, vous boudez ou bien vous partez).
- Vous priorisez vos besoins et votre confort.
- Vous interrompez les autres.
- Vous voulez que tout le monde se plie à vos quatre volontés.
- Vous vous regardez dans le miroir (souvent) comme Coco.

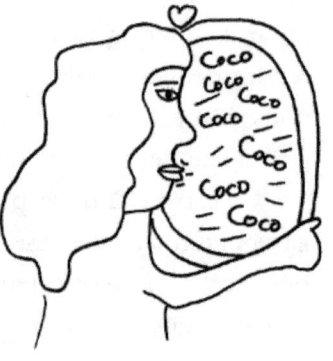

Si vous vous reconnaissez quelque peu dans ces comportements, que pouvez-vous faire? Tout d'abord, réalisez qu'**une certaine quantité de replis sur soi est naturelle et saine.** Comme pour toute chose, c'est une question de dosage. L'égocentrisme exacerbé, indépendamment de son origine, a tendance à se manifester à titre de mécanisme de défense en raison d'un manque d'acceptation de soi ou encore pour dissimuler un sentiment d'infériorité (d'où le besoin de se promouvoir), de vulnérabilité et un besoin excessif d'acceptation extérieure.

Comme le dit Mike Sherts, « **il existe une distinction importante entre être absorbé par soi-même et prendre soin de soi** ». Lorsque nous sommes absorbés par nous-mêmes, la majeure partie de notre énergie est dirigée vers nos besoins et la manière de les combler. Nous avons tendance à être plus concentrés sur ce qui nous manque plutôt que sur ce que nous avons, ce qui demande de l'énergie tant à nous-mêmes qu'aux personnes qui nous entourent. »

Quant à « prendre soin de soi », il s'agit de la capacité à s'occuper de soi et à combler ses besoins fondamentaux. Comme le dit John Yokoyama dans son livre populaire, *When Fish Fly* : « Lorsque nous craignons ce que les autres pensent de nous, nous sommes souvent plus concentrés à "être intéressant" et moins enclins à "s'intéresser". C'est pourquoi certaines personnes parlent beaucoup quand elles sont anxieuses et pourquoi beaucoup de gens ne se sentent jamais entendus. Si les personnes et les conversations visent à être intéressantes, il ne reste plus personne pour écouter véritablement. »

Deuxièmement, au-delà de cette prise de conscience, dans vos futures interactions, vous pourriez essayer consciemment de :

1. Surveiller votre temps de conversation afin qu'il soit partagé proportionnellement (par exemple, 50-50 dans une conversation entre deux personnes).
2. Montrer un intérêt sincère pour ce que les autres ont à dire (pas seulement pour ce qui vous concerne vous).
3. Profiter du flux de la conversation sans chercher à l'orienter.
4. Vous occuper des besoins et du confort des autres (par exemple, arriver à temps, offrir aux autres le meilleur siège, la dernière portion ou le temps requis pour qu'ils puissent s'exprimer).
5. Ne pas interrompre les autres lorsqu'ils parlent.
6. Ne pas vous prendre pour quelqu'un d'autre.

Troisièmement, après avoir participé à une conversation, demandez-vous à quel point celle-ci était efficace. **Pensez au genre de réactions (verbales et non verbales) que vous avez reçues des autres.** Étaient-elles encourageantes ou plutôt brèves (comme s'ils essayaient de décourager une conversation ultérieure)? Vos interlocuteurs sont-ils tombés dans la lune pendant que vous parliez? Sont-ils restés silencieux et passifs ou étaient-ils pleinement engagés dans la conversation? De plus, demandez aux autres leurs commentaires et leur feed-back sur vos échanges et vos conversations. À la suite de cette réflexion, identifiez des moyens spécifiques pour améliorer vos conversations futures.

Comment pouvez-vous faire face aux membres de votre entourage qui sont absorbés par eux-mêmes? Il existe beaucoup de ressources pour vous aider à gérer ce trait chez les patrons, les enfants, les amoureux et bien plus. En attendant, voici quelques actions alternatives :

1. Ne faites pas attention au comportement. Dites-vous qu'il est curieux, intéressant ou fascinant.
2. Encouragez ce comportement comme moyen d'affirmation pour cette personne en lui donnant son moment « sous les projecteurs ».
3. Amusez-vous en essayant de parler de vous sans interruption. Ne vous laissez pas interrompre et ne laissez pas le sujet changer!
4. Souriez agréablement et excusez-vous. Vous devrez peut-être interrompre cette personne et dire, par exemple, « Wow, c'est très intéressant, mais je dois vraiment parler avec… ».
5. Ne vous assoyez pas à côté de cette personne lors du prochain diner!
6. Planifiez des activités avec cette personne (comme des sports intensifs) qui ne permettent pas beaucoup de temps de conversation.
7. Lorsque cette personne se lance pour parler d'elle-même, essayez de déplacer son attention en changeant le sujet de la conversation. Par exemple : « C'est vraiment intéressant. En passant, avez-vous remarqué… »
8. Appelez un temps d'arrêt. Par exemple : « Wow, vous devez être très enthousiaste à propos de cela, vous avez passé les 20 dernières minutes à en parler sans interruption! J'ai également des nouvelles intéressantes à vous partager. »

9. Clarifiez vos besoins d'une manière directe afin de vous assurer que les besoins des deux interlocuteurs soient satisfaits. Par exemple : « Dans notre dernière conversation, vous avez discuté pendant environ 30 minutes sans arrêt. Je me suis senti gêné de ne pas avoir eu la chance de partager mes nouvelles avec vous. Dans cette conversation, que diriez-vous si nous essayions de partager le temps de conversation 50-50? »

10. Clarifiez et fixez les limites de ce qui est acceptable. Par exemple : « J'ai seulement 5 minutes pour discuter avec vous » ou bien « j'ai un autre engagement dans dix minutes ». Après le délai mentionné, dites à la personne que vous devez terminer la conversation et faites-le.

11. De manière non conflictuelle et empathique, offrez des commentaires sur des comportements spécifiques et leurs effets sur vous. Vérifiez si la personne est consciente de ses comportements et si elle a la volonté de faire des changements spécifiques. Par exemple : « Me permettez-vous un peu de feed-back? » Si elle dit oui, dites : « Peut-être n'êtes-vous pas conscient de cela, mais... »

Ces actions portent sur la franchise, l'efficacité potentielle et la pertinence en fonction du type de relation que vous avez avec cette personne et du degré de confiance établi. Bien que ce ne soit pas votre rôle de changer les autres, vous pouvez leur communiquer comment vous aimeriez être traité. **Quoi que vous décidiez, soyez doux, restez positif et montrez-leur beaucoup d'égards.**

Voici votre défi en deux parties

Partie 1
Je vous invite à prendre conscience de vos tendances et habitudes à l'auto-absorption et à les modifier. Au cours des trois prochains

jours, prêtez une attention particulière à tous les signes qui suggèrent que vous êtes obnubilé par vous-même. Au cours des quatre jours suivants, essayez d'éliminer ces comportements de votre répertoire et mettez en place les comportements présentés dans la liste (plus haut) qui commence par « surveiller votre temps de conversation… » Prenez note de l'efficacité de vos tentatives ainsi que des réactions des autres dans votre journal de bord.

Partie 2
La deuxième partie de ce défi propose de vous aider à devenir plus compétent pour affronter les tendances des autres à l'auto-absorption. Je vous invite alors à pratiquer les comportements 7 à 11 listés précédemment sur une période de sept jours. Notez vos tentatives ainsi que les réactions des autres dans votre journal de bord. Préparez-vous à partager vos expériences avec votre équipe de feed-back.

Réflexion
Répondez aux questions suivantes dans votre journal de bord.
1. A-t-il été difficile de réaliser cet exercice?
2. Dans la première partie, quelles tendances d'auto-absorption avez-vous pu identifier? Quelle a été l'efficacité de vos tentatives pour éliminer vos habitudes d'auto-absorption et pour être plus attentif aux autres? Comment les autres ont-ils réagi à votre changement de comportement?
3. En ce qui concerne la deuxième partie du présent défi, décrivez les incidents d'auto-absorption que vous avez vécus, ce que vous avez fait, l'efficacité de vos interventions et les réactions des autres.
4. Qu'avez-vous appris à propos de vous-même dans le cadre de cet exercice?

Plan d'action

Maintenant que vous avez eu la chance de mettre en pratique des comportements qui démontrent beaucoup d'égards envers les autres, dans votre journal de bord, décrivez trois choses que vous vous engagez à faire pour être des « exemples de respect et d'attention » à partir d'aujourd'hui. Indiquez les actions et les échéanciers spécifiques et comment vous évaluerez si vous avez terminé votre plan avec succès.

Matière à réflexion

- Pensez aux autres et à leurs besoins, plutôt que de croire que le monde devrait faire des pieds et des mains pour vous. Réalisez que vous pouvez être le centre de votre univers, mais que vous n'êtes pas le centre de l'univers des autres.
- Essayez de voir les choses du point de vue des autres. Ne vous concentrez pas uniquement sur vos désirs et ne les faites pas toujours passer en premier. Vous n'avez pas toujours besoin d'avoir raison.
- Soyez généreux avec les autres et les autres le seront avec vous. Vous pouvez ne pas réaliser l'impact que les petits gestes peuvent avoir sur les autres. La politesse, la générosité, la gentillesse et la gratitude sont des éléments clés pour établir des relations constructives avec les autres.

5

Assumez-vous vos responsabilités?

« Une personne ignorante est encline à blâmer les autres pour son propre malheur. Se blâmer est une preuve de progrès. Mais le sage n'a jamais à blâmer un autre ou lui-même. » — Épictète

« La différence entre les personnes formidables et les autres est que les gens géniaux créent leur vie activement, tandis que les autres sont créés par leur vie, attendant passivement pour voir où celle-ci les mènera ensuite. La différence entre les deux est la différence entre vivre pleinement et juste exister. »
— Michael Gerber

« Les engagements que nous prenons envers nous-mêmes et envers les autres et notre intégrité envers ces engagements sont l'essence et la manifestation la plus claire de notre proactivité. C'est aussi l'essence de notre croissance. Il y a deux façons de nous mettre immédiatement en contrôle de nos vies. Nous

pouvons faire une promesse — et la garder. Ou nous pouvons
définir un objectif et travailler pour y parvenir. Ceux-ci nous
donnent la conscience de la maitrise de soi et le courage et la force
d'accepter plus de responsabilités sur nos propres vies. »
— Stephen Covey

 Les employés formidables ne rejettent pas
le blâme sur les autres. Ils assument leurs
responsabilités pour ce qui leur arrive et
pour les décisions qu'ils prennent. Ils
savent que ce qu'ils font aura un impact sur
leur propre vie et sur celles des autres. Ils
sont en mesure d'accepter les reproches et les compliments lorsque
ceux-ci leur reviennent réellement. En plus de contrôler leur vie, ils
incitent les personnes qui les entourent à se responsabiliser; ils leur
offrent des responsabilités et les traitent comme des personnes
capables. Ils établissent des relations d'égal à égal avec les autres.

Et vous? Il est important de savoir comment vous expliquez
habituellement ce qui vous arrive. Si vous avez tendance à ne pas
reconnaitre votre responsabilité pour votre propre vie, vous risquez
de développer un sentiment d'impuissance ou même de fatalisme.

Êtes-vous le maitre de votre vie? Prenez-vous la
responsabilité de ce qui vous arrive, y compris vos succès et vos
échecs, ou avez-vous plutôt tendance à blâmer les autres pour tout
ce qui ne va pas? Où vous situez-vous dans le jeu « blâme versus
responsabilité »? Est-il difficile pour vous d'évaluer avec précision
vos responsabilités ou d'attribuer ce qui ne va pas bien aux autres?
Êtes-vous capable d'éviter les erreurs d'attribution suivantes?

1. **Toujours attribuer le comportement d'une personne à elle-même et sous-évaluer les explications contextuelles ou externes** (l'erreur d'attribution fondamentale).

2. **Attribuer la réussite personnelle à des facteurs internes et l'échec personnel à des facteurs externes sur lesquels**

personne ne peut exercer de contrôle (le biais utilisé à notre avantage).

3. **Attribuer les comportements des autres à leurs caractéristiques internes sans tenir compte des facteurs qui peuvent les influencer** (attribution dispositionnelle).

Toutes ces erreurs simplifient la situation d'une façon excessive et ne tiennent pas compte de tous les facteurs ayant pu jouer un rôle. Voici quelques exemples de situations vécues par « Roger », « Coco », et « Roxanne ».

Roxanne : Je suis arrivée en retard au travail parce que la file d'attente pour obtenir ma carte mensuelle de métro était très longue et que le service était lent. J'avais prévu dix minutes pour cette tâche qui en a pris finalement 20. Ensuite, je me suis arrêtée pour vérifier mes textos sur mon cellulaire et j'ai dû répondre à un message de ma sœur concernant nos plans pour la fin de semaine. Donc, ce n'était pas de ma faute si j'étais en retard. En revanche, mon collègue Jean est arrivé en retard parce qu'il ne se soucie pas beaucoup de l'heure et parce qu'il est super désorganisé.

Roger : Le haut niveau de performance dont j'ai fait preuve dans le premier projet était grâce à mon travail acharné et à mon talent naturel pour travailler en équipe. Je n'ai pas aussi bien réussi le deuxième projet parce que mon patron avait des attentes déraisonnables et qu'il y avait tout simplement trop de travail à faire dans un court laps de temps.

Roger : Mon amie Coco en est à son cinquième emploi en trois ans. Elle m'a expliqué qu'elle changeait souvent d'emploi à cause des gens avec qui il lui est difficile de travailler (en raison de leur incompétence). Elle m'a dit qu'elle espérait que son nouvel employeur serait mieux, mais elle est déjà déçue puisque son patron semble être un *micro-manager* (qui contrôle beaucoup et qui est rarement reconnaissant du travail de ses collaborateurs).

Quelle est votre interprétation de ces situations? Dans l'exemple de Roxanne, nous remarquons qu'elle attribue son retard à des facteurs externes alors que ceux de Jean sont attribués à des facteurs internes. Les facteurs qu'elle cite comme étant à l'origine de son retard sont susceptibles, dans une certaine mesure, d'être sous son contrôle. Sachant qu'elle devait remplir sa carte mensuelle et qu'il arrive parfois que la file soit plus longue que prévu, elle aurait pu prévoir le coup et allouer un peu plus de temps à cette tâche, juste au cas.

Dans l'exemple de Roger, nous remarquons qu'il attribue sa haute performance à des facteurs internes et sa mauvaise performance à des facteurs externes. Quant à Coco, elle attribue tous les problèmes d'emploi qu'elle a eus au fil du temps à des facteurs externes dont elle n'est pas responsable. Êtes-vous d'accord? Si le meilleur prédicteur du comportement futur est le comportement passé dans des circonstances similaires, pensez-vous que Coco quittera son emploi actuel dans un avenir proche (ou ne restera-t-il que la grogne au sujet des conditions de travail)?

Selon le manuel *Comportement humain et organisation* de Claire de Billy et ses collaborateurs, le concept du lieu de contrôle est relié aux erreurs d'attribution. Il s'agit du degré de contrôle que les individus pensent avoir sur leur vie, leur destinée et sur ce qui leur arrive. Il existe deux types de lieux de contrôle : interne (les individus attribuent les évènements de leur vie à leur responsabilité personnelle) et externe (les individus pensent que ce qui leur arrive ne dépend pas d'eux, mais bien de facteurs extérieurs sur lesquels il est impossible d'avoir le contrôle).

Les individus qui ont un lieu de contrôle interne sont portés à prendre des actions pour améliorer leur sort puisqu'ils se croient maîtres de leur destin. Ils prennent leurs responsabilités. Par contre, ils peuvent être portés à surestimer la portée réelle de leur responsabilité (en croyant être responsables de tout, même de ce qui est hors de leur contrôle). Ils doivent donc faire attention à ne pas tout prendre sur leurs épaules.

En revanche, les individus qui ont un lieu de contrôle externe pensent que le monde extérieur est responsable de leurs échecs ou des situations qu'ils vivent. Ils rejettent donc leurs responsabilités et ne pensent pas qu'ils ont une quelconque emprise sur ce qui leur arrive.

Voici quelques conseils pour développer votre locus de contrôle interne (en d'autres termes, arrêtez de blâmer les autres et commencez à prendre plus de responsabilités) :

1. Prendre conscience que **vous avez toujours le choix de ce que vous ressentez, pensez, dites et faites.** Il existe nécessairement un moyen pour vous permettre de reprendre le contrôle de la situation en choisissant vos actions et vos pensées. Si vous tâtonnez et oubliez que vous êtes dans le siège du conducteur, vous pouvez reprendre le contrôle de la situation en choisissant quelles émotions vous laissez vous envahir, en recadrant vos pensées et en changeant vos actions. Évitez de vous voir comme une victime; ce n'est pas productif et cela n'aide personne. Viktor Frankl, qui fut interné dans un camp de concentration pendant la Seconde Guerre mondiale, l'a probablement exprimé mieux que quiconque : « Tout peut être pris d'un homme, sauf une chose : la dernière des libertés humaines — choisir son attitude dans un ensemble de circonstances, choisir sa propre voie... Lorsque nous ne sommes plus capables de changer une situation, nous sommes mis au défi de nous changer nous-mêmes... Entre le stimulus et la réponse, il y a un espace. Dans cet espace réside notre pouvoir de choisir notre réponse. Dans notre réponse se trouvent notre croissance et notre liberté. »

2. Sachez que **tout le monde a des droits et des responsabilités**. Se concentrer uniquement sur vos droits au détriment de ceux des autres, c'est avoir une vision déséquilibrée du monde. Si vous avez tendance à dire : « J'ai le droit de... » dans des situations où vous vous sentez trompé ou contraint, ou si vous préférez simplement faire ce que vous avez envie de faire, il peut être utile de vous rappeler vos responsabilités dans une situation donnée. Paul Rousseau, le conférencier motivateur, dit qu'il en a assez d'entendre les gens se concentrer sur leurs droits : « Je ne parle pas des droits fondamentaux, tels que le droit de s'exprimer, de voter, de circuler librement, etc., mais les caprices que certaines personnes utilisent pour éviter de remplir leurs obligations, que ce soit par paresse, manque d'ambition, peur, égoïsme, tristesse, manque de courage, etc. » Il donne beaucoup d'exemples (j'ai le droit de laisser ma mauvaise humeur souiller la journée des autres, j'ai le droit d'arriver en retard, etc.), auxquels il répond : « Et quelle est votre responsabilité en tant que dirigeant? En tant que collègue? Envers l'équipe? » Paul Rousseau suggère que nous nous posions cette question aussi, surtout lorsque nous sommes sur le point de dire : « C'est mon droit ». Quand les gens se concentrent sur ce qui leur arrive sans penser *à leur propre rôle* et à la façon dont ils peuvent améliorer la situation, ils apparaissent comme étant peu clairvoyants, réactifs et égoïstes. Mettre l'accent sur vos responsabilités (la contribution positive et respectueuse que vous pouvez apporter) montre que vous avez une vision plus large du travail avec les gens.

3. **Faites les choses pour vous-même.** Prendre l'initiative, aller de l'avant avec vos plans, et surmonter les revers et les obstacles. La plupart du temps, les gens qui ont réussi l'ont fait grâce à un travail acharné et de la persévérance.

4. **Assumez la part de responsabilité qui vous revient** dans un problème, quel qu'il soit. Peut-être n'avez-vous pas clairement communiqué vos attentes; peut-être avez-vous utilisé des mots enflammés ou vous avez ignoré la situation ou quelque chose d'autre. Bien sûr, quelqu'un a peut-être fait quelque chose de mal, mais se concentrer sur cela ne fera pas avancer les choses.

5. **Prenez le temps d'analyser les différentes options** disponibles lorsque vous vous sentez coincé dans une situation donnée. Préparez une liste des choix qui s'offrent à vous dans cette situation. Ensuite, choisissez la solution qui montre que vous assumez la responsabilité pour vous-même, tout en respectant vos droits et ceux des autres.

Voici votre défi en trois parties

Partie 1
Le premier jour de cette semaine, je vous invite à décrire dans votre journal de bord une situation difficile que vous avez vécue récemment, par exemple, une situation dans laquelle vous étiez en conflit avec d'autres. Analysez ce que vous avez écrit, notamment (a) à quel point vous vous êtes concentré sur vos droits plutôt que sur vos responsabilités dans la situation, et (b) comment vous avez attribué la responsabilité de ce qui est arrivé (à qui l'avez-vous reproché).

Partie 2
Deuxièmement, prenez conscience de votre tendance à vous blâmer ou à blâmer les autres ou les circonstances pour qui se passe au jour le jour. Sur une période de trois jours cette semaine, dans votre journal de bord, gardez une trace de chaque moment où vous : blâmez les autres; justifiez votre comportement, une situation, vos résultats et ceux des autres; ou invoquez vos droits. Faites attention

à vos conversations, courriels et pensées, et notez quand vous utilisez les mots suivants : parce que, à cause de, depuis, c'est pourquoi, la raison en est que, causé par, etc. Partagez vos résultats avec votre équipe de feedback et demandez-leur de vous faire part de leurs impressions.

Partie 3

Troisièmement, sur une période de trois jours cette semaine, en particulier lorsque vous interagissez avec d'autres, évitez de vous blâmer ou de blâmer les autres ou les circonstances pour ce qui se passe. Vous pouvez y arriver plus souvent que vous ne le pensez. Utilisez certains des conseils ci-dessus pour vous aider à trouver des alternatives positives à la tentation de distribuer les blâmes à droite et à gauche. Gardez une trace de vos expériences dans votre journal de bord.

Réflexion

Répondez aux questions suivantes dans votre journal de bord.

1. En ce qui concerne la partie 1 du défi, avez-vous trouvé cet exercice difficile à réaliser? Pourquoi?

2. Lorsque vous vous êtes rappelé l'évènement difficile, quels ont été vos sentiments et vos pensées? Comment auriez-vous pu gérer cette situation d'une manière plus habile? Que changeriez-vous?

3. Maintenant, pour chaque exemple que vous avez noté dans la partie 2 du défi, déterminez si (a) la justification vous concernait personnellement ou ciblait quelqu'un d'autre, (b) la situation était positive ou négative, (c) vous avez attribué les causes à vous-même ou à quelque chose hors de votre contrôle (une autre personne, la chance, la situation, etc.). Résumez vos résultats et recherchez des tendances.

4. Plus généralement, comment justifiez-vous votre situation, vos pensées et vos comportements? Par exemple, avez-vous tendance à faire des attributions internes pour les situations positives qui vous concernent? Des attributions externes pour les situations négatives qui vous concernent? Comment expliquez-vous habituellement les situations ou les comportements des autres? Avez-vous tendance à faire des attributions externes pour des situations positives?

5. Enfin, en ce qui concerne la partie 3, à quelle fréquence avez-vous blâmé les autres? Est-ce que c'était difficile d'éviter de le faire? Quel impact cela a-t-il eu sur vos interactions?

Plan d'action

Dans votre journal de bord, décrivez les trois mesures spécifiques que vous prendrez dorénavant pour (a) développer un lieu de contrôle interne plus fort et (b) aider les autres à faire de même? Indiquez les actions et les échéanciers spécifiques et comment vous évaluerez si vous avez terminé votre plan avec succès.

Matière à réflexion

• Pensez à vos responsabilités avant de revendiquer vos droits.

• Réalisez que les autres ont aussi des droits et que les vôtres ne sont pas nécessairement plus importants que les leurs.

• Prenez la responsabilité pour ce qui vous appartient. Prenez la responsabilité pour vous-même. Réalisez que vous êtes le seul et unique maître de votre vie.

6

Qu'est-ce qui vous motive sur le plan personnel?

« Cela semble toujours impossible jusqu'à ce que ce soit fait. »
— Nelson Mandela

« Si vous travaillez sur quelque chose qui vous tient vraiment à cœur, vous n'avez pas besoin d'être poussé. La vision vous attire. »
— Steve Jobs

« Le talent qui vous manque peut être compensé par le désir, la persistance et le fait de donner votre 110 % tout le temps. »
— Don Zimmer

Voici votre défi en trois parties

Partie 1

Prenez quelques minutes pour répondre aux questions suivantes dans votre journal de bord :

1. Qu'est-ce qui vous pousse à vous lever le matin?
2. À quand remonte la dernière fois où vous vous êtes senti très motivé? En d'autres termes, désireux de faire un effort persistant, concentré et intense pour atteindre un objectif particulier?
3. Quelle est la dernière fois où vous vous êtes senti particulièrement démotivé pour faire quelque chose? Qu'y a-t-il à propos de cette tâche ou de cette situation qui a pu contribuer à votre manque d'énergie?

À quel point était-il difficile de répondre à ces questions? Elles offrent pourtant des indices importants sur vos motivations centrales. Tout le monde a une combinaison unique de choses qui les dynamise. Ce qui distingue les employés formidables, c'est qu'ils comprennent ce qui les motive à agir et ils cherchent des moyens de se motiver.

Par exemple, après avoir travaillé quatre jours dans une usine de transformation d'œufs, Roxanne était incapable de se lever le cinquième jour. Le travail était sale, malodorant, routinier, difficile et la pression était élevée. Ses collègues étaient agressives; elles l'ont souvent « accidentellement » visé avec la laveuse à haute pression alors qu'elles nettoyaient l'équipement, lui ont crié dessus et l'ont exclue de leurs conversations pendant les pauses. À quelques reprises, elle a même remarqué des taches rouges sur les œufs alors qu'elle les triait. Bien que Roxanne ait désespérément eu besoin d'un emploi d'été pour pouvoir aller à l'université, elle a quitté son emploi ce matin-là. Rien au monde n'aurait pu lui faire retourner à cet endroit; elle savait que ce n'était pas le bon type de travail pour elle.

Roxanne a rapidement trouvé un emploi dans les articles de sport chez Canadian Tire avec un gestionnaire qui appréciait sa créativité et son esprit d'initiative. Elle a regardé des vidéos sur la façon de vendre des produits particuliers tels que des tondeuses à gazon et des clôtures, et elle a regardé les autres le faire. À la fin de l'été, elle était fière de la contribution qu'elle avait apportée.

En comparaison avec son travail de jour à l'usine de transformation d'œufs, pourtant située à quelques minutes à pied de chez elle, chez Canadian Tire, elle travaillait en équipes fractionnées en plus de devoir faire une heure de vélo pour s'y rendre puis une autre pour revenir. Son expérience de cet été-là a aidé Roxanne à comprendre que le défi, l'autonomie et l'apprentissage continu étaient ses motivations centrales, sans parler du fait de travailler dans un environnement respectueux et collégial. Pouvez-vous vous identifier à l'expérience de Roxanne?

Les parties 2 et 3 de cet exercice vous donneront un aperçu de vos motivations centrales au-delà des indices laissés par vos réponses aux questions présentées en début d'exercice. **ASSUREZ-VOUS DE RELEVER LE DÉFI AVANT DE LIRE LE TEXTE QUI SUIT LE DESSIN QUI SE TROUVE À LA PAGE SUIVANTE.**

Partie 2

Je vous invite à regarder le dessin illustré à la page suivante **sans lire ce qui est écrit dans les pages qui suivent** (cela pourrait biaiser vos réponses) pendant environ une dizaine de secondes. Ensuite, dans votre journal de bord, prenez dix minutes pour écrire l'histoire qui, selon vous, est représentée dans le dessin. Même si vous pensez que vous n'avez plus rien à dire, continuez simplement à écrire jusqu'à ce que les dix minutes soient écoulées. Plus votre histoire sera détaillée, mieux ce sera! (Les chercheurs recommandent un minimum de 200 mots.) Voici quelques questions pour susciter votre réflexion :

1. Qu'est-ce qui se passe dans la scène illustrée par le dessin?
2. Qui sont les gens qui y figurent?
3. Qu'est-ce qui a conduit à cette situation?
4. Qu'est-ce que les gens pensent? Que veulent-ils?
5. Que se passera-t-il ensuite?

C'est fait? Bien! Ce défi est un exercice d'analyse de tendances appelé **Test d'aperception thématique (TAT)**. L'idée derrière le TAT est que nos motivations s'infiltrent inconsciemment dans nos perceptions de ce qui se passe dans une situation. Le TAT est le plus souvent utilisé en combinaison avec la théorie des besoins de David McClelland. Cette théorie postule qu'il existe trois catégories de besoins et que ceux-ci orientent nos comportements :

1. **Accomplissement** — Les personnes qui ont un grand besoin d'accomplissement aiment relever des défis. Les objectifs de travail trop faciles (ou à faible risque) ou trop difficiles (ou à risque élevé) sont démotivants pour eux. Au lieu de cela, ils choisissent des objectifs de travail qui sont modérément difficiles (en d'autres termes, les objectifs sont réalisables, mais ils doivent persévérer pour les atteindre). Ils ont un fort besoin de feed-back (qui peut provenir directement de leur travail ou d'autres personnes). Ils aiment travailler de façon autonome ou avec d'autres qui ont aussi un fort besoin de réussite. Ils sont rarement motivés par l'argent. Le contraire est vrai pour les personnes ayant un faible besoin de réussite. Certains mots-clés utilisés par les plus performants sont : le succès, les réalisations, la compétence, les défis, les circonstances opportunes, le feed-back, l'autonomie et les résultats.

2. **Affiliation** — Les personnes qui ont un grand besoin d'affiliation aiment établir des relations et travailler avec les autres. Ils ont tendance à éviter les situations conflictuelles et à satisfaire les besoins des autres, même à leurs dépens. Par rapport à ceux qui ont un faible besoin d'affiliation, ils sont plus susceptibles de se conformer aux normes du groupe. Ils préfèrent les tâches qui impliquent d'interagir avec autrui, comme le service à la clientèle. Certains mots-clés utilisés par les gens ayant un important besoin d'affiliation sont :

s'entendre, établir des relations, aider les autres, être aimé, coopérer et travailler en équipe.

3. **Pouvoir** — Il y a deux types de pouvoir : un « bon » (le pouvoir social) et un « moins bon » (le pouvoir personnel). Les personnes ayant un fort besoin de pouvoir social veulent aider les autres et faire progresser les objectifs de l'organisation. À l'inverse, les personnes ayant un besoin élevé de pouvoir personnel sont plus intéressées par l'acquisition du pouvoir comme moyen de poursuivre leurs propres objectifs. Certains mots-clés utilisés par les personnes ayant un besoin élevé de pouvoir social comprennent : l'influence, l'altruisme, la responsabilité sociale, les objectifs organisationnels, faire une différence pour les autres et le leadership. Certains mots-clés utilisés par les personnes à fort besoin de pouvoir personnel sont : le contrôle, le statut, le prestige, l'avancement personnel, l'autorité, la compétition, la richesse matérielle et la victoire.

Ainsi, si votre histoire regorge de mots qui s'apparentent aux relations, au sentiment d'appartenance, à l'amitié et ainsi de suite, cela suggère que le besoin d'affiliation est probablement votre motivateur central. Si votre histoire présente plutôt un corpus lexical renvoyant aux défis et aux réalisations, alors le besoin d'accomplissement est probablement ce qui vous motive le plus. Finalement, si votre histoire fait plutôt appel à des concepts tels que le pouvoir qu'une personne exerce sur une autre ou même la capacité d'une personne à faire une différence autour d'elle, cela suggère que le besoin de pouvoir est votre principal facteur de motivation.

À des degrés différents, **nous avons tous besoin d'accomplissement, d'appartenance et de pouvoir.** Cependant, l'un ou l'autre de ces besoins domine habituellement chez une personne, ce qui en fait un facteur de motivation particulièrement important qui influence notre comportement dans de nombreuses situations. Savoir ce qui vous motive vous aidera à trouver un emploi et un milieu de travail qui correspondent à vos besoins les plus importants et qui, par conséquent, vous procurent un sentiment de joie et de légèreté. Connaitre vos motivateurs centraux vous aidera à vous placer naturellement dans des situations où vous répondrez à vos besoins les plus importants. Et, comme nous l'avons vu avec Roxanne, cela pourrait aussi vous aider à prendre la décision difficile de quitter un emploi qui draine votre énergie.

Vous pourriez vous demander **quel genre de motivateurs centraux ont les employés formidables**. Selon David McClelland, les personnes ayant un besoin élevé de réussite peuvent être de grands entrepreneurs, mais elles sont souvent trop indépendantes pour être de grands chefs d'équipe. De même, ceux qui ont un besoin élevé d'affiliation peuvent avoir des difficultés à prendre des décisions difficiles concernant les personnes avec qui elles travaillent. Et ceux qui ont un grand besoin de pouvoir personnel peuvent être manipulateurs et trop intéressés par eux-mêmes. Les meilleurs employés sont ceux qui ont : (a) un besoin élevé de pouvoir social (ils veulent atteindre les objectifs de l'organisation et aider les autres); (b) un faible besoin de pouvoir personnel (ils ne voient pas le pouvoir comme un symbole de prestige ou comme un moyen de promouvoir leurs propres intérêts); (c) un besoin modérément élevé de réussite (mais pas trop!); et (d) un faible besoin d'appartenance (le besoin d'approbation sociale rend les décisions difficiles encore plus difficiles, mais un besoin d'affiliation est quand même nécessaire).

Vous vous demandez sans doute **dans quelle mesure l'argent agit comme motivateur** ? Pour certaines personnes, l'argent semble être un facteur de motivation central; c'est-à-dire, jusqu'à ce que vous leur demandiez s'ils seraient prêts à faire *n'importe quoi* pour gagner beaucoup d'argent. En même temps, la plupart des gens veulent être payés équitablement tout en faisant un travail qui répond à leurs besoins. Bill George et ses collègues ont constaté que la plupart des employés formidables réalisent qu'un succès vraiment significatif implique de poursuivre des motivations intrinsèques tels que relever des défis, apporter une contribution, avoir un impact positif et faire une différence dans la vie des autres. Le fait de rechercher des marques extérieures de reconnaissance telles que le succès, l'argent, le prestige et les possessions matérielles est un exercice futile. Peu importe votre succès, les « poteaux de buts » bougent constamment au fur et à mesure que vous vous en approchez; vous pensez toujours que vous pouvez avoir plus de succès, être plus riche, mieux reconnu, etc. En conséquence, vous vous efforcez toujours… de ne jamais arriver à destination.

Partie 2

Je vous invite à passer en revue les descriptions des trois facteurs de motivation, puis relisez votre histoire afin de déterminer à quel point les thèmes dominants sont reliés au pouvoir, à la réussite ou à l'appartenance. Donc, déterminer que dit votre histoire sur ce qui vous motive. Si vous avez une copie électronique de votre histoire, vous pouvez également la copier et la coller sur le site Web de l'Université du Texas à Austin (**www.utpsyc.org/TATintro/**). En plus de vous aider à interpréter votre histoire, ce site vous fournira beaucoup d'informations intéressantes (en anglais uniquement, malheureusement). Ensuite, sans leur parler de votre propre interprétation, lisez votre histoire à votre équipe de feed-back et demandez-leur de déterminer les principaux thèmes qui en ressortent ainsi que dans quelle mesure chacune des trois catégories de besoins agit comme un facteur de motivation pour vous. Gardez une trace de vos interprétations et de celles de votre équipe de feed-back dans votre journal de bord.

Réflexion

Répondez aux questions suivantes dans votre journal de bord.

1. Comment vos réponses ci-dessus correspondent-elles à votre propre perception de ce qui constitue vos principaux facteurs de motivation?

2. Qu'en est-il de vos réponses aux questions d'ouverture (en début de chapitre)?

3. Quand vous repensez aux trois moments les plus importants de votre vie, quels sont les thèmes qui ressortent le plus? Comment sont-ils liés à vos motivations centrales?

4. Imaginez que vous venez de décrocher votre emploi de rêve. Décrivez-le avec autant de détails que possible dans votre journal de bord. À quoi ressemblerait ce travail? Que feriez-vous? Avec qui travailleriez-vous? Examinez ce que vous avez écrit et évaluez le rôle que jouent vos motivateurs centraux dans votre représentation du travail idéal. Si ce sont des facteurs de motivation importants, ils devraient être évidents. Y a-t-il d'autres facteurs impliqués? Par exemple, voulez-vous un travail qui implique une variété de tâches, nécessite une diversité de compétences, est essentiel à la mission de l'organisation, vous permet de travailler de façon autonome et de prendre des décisions sur la façon dont vous exécutez votre travail? Selon la théorie des caractéristiques de l'emploi développée par l'économiste Greg Oldham et le psychologue Richard Hackman, les emplois qui présentent ces caractéristiques ont tendance à motiver les gens. Laquelle de ces fonctionnalités pourrait vous motiver?

5. Au-delà de leur impact sur votre vision du travail de vos rêves, vos motivations centrales influencent également votre vision d'une organisation idéale. Prenez quelques minutes pour décrire votre organisation idéale. Quel style de leadership est utilisé?

Comment le succès est-il mesuré (le cas échéant)? Quelle est l'importance des résultats par rapport aux relations? De l'autonomie par rapport au contrôle? De la stabilité par rapport au changement? Quelle est l'importance de la concurrence? Sur la base de leurs recherches novatrices, les professeurs d'affaires Kim Cameron et Robert Quinn ont identifié quatre types de culture organisationnelle :

a. **Un clan/famille** (Collaborons!) — met l'accent sur les relations, le mentorat, le travail d'équipe, la cohésion, la participation, la flexibilité, l'engagement et la collaboration. Exemple : Tom's of Maine.

b. **Innovation/entrepreneuriat** (Créons!) — axée sur l'adaptation, la créativité, la liberté individuelle, le changement, la prise de risque et le réseautage. Exemples : Facebook, Google, Adobe.

c. **Hiérarchie/formelle** (Contrôlons!) — met l'emphase sur la structure, la standardisation, la stabilité, la coordination, la prévisibilité, l'efficacité et l'analyse. Exemples : McDonalds, organisations gouvernementales.

d. **Marché/compétitif** (Concurrençons-nous!) — se concentre sur les résultats, est axé sur les objectifs, la rentabilité et la stratégie. Exemple : General Electric.

Laquelle de ces quatre cultures organisationnelles vous attire le plus? Dans quel type d'organisation pensez-vous être le plus susceptible de trouver l'emploi de vos rêves? Tout comme votre emploi de rêve, votre organisation idéale correspondra à vos motivations centrales. Par exemple, si la créativité et l'autonomie font partie de vos motivations centrales, un travail dans lequel vous êtes étroitement supervisé au sein d'une organisation qui récompense la conformité et l'obéissance aux règles vous semblera démotivant. Si votre organisation idéale ne correspond pas à celle pour laquelle vous travaillez, vous vous sentirez probablement frustré et stressé, vous serez moins intéressé par votre travail et aurez de la difficulté à vous entendre avec les autres. Votre performance en souffrirait et vos opportunités de carrière au sein de l'organisation seraient limitées. Vous vous sentiriez comme si vous deviez résoudre la quadrature du cercle! En revanche, décrocher l'emploi de vos rêves dans votre organisation idéale vous aidera à vous sentir comme chez vous et motivé pour faire votre travail.

Plan d'action

1. Dans votre journal de bord, décrivez les trois actions spécifiques que vous vous engagez à entreprendre dorénavant pour augmenter votre motivation personnelle.
2. La vaste recherche internationale de David McClelland souligne l'importance de développer votre besoin de réussite dans la création de vos succès personnels et professionnels. Dans votre journal de bord, décrivez les trois actions que vous entreprendrez dès maintenant pour augmenter votre sentiment d'accomplissement?

Indiquez les actions et les échéanciers spécifiques et comment vous évaluerez si vous avez terminé votre plan avec succès.

Matière à réflexion

- Recherchez un emploi et un lieu de travail où vous pouvez être apprécié pour vos points forts et vos motivations centrales et où vous pouvez les mettre à profit. Si vous choisissez un emploi uniquement sur la base du meilleur salaire, vous aurez peut-être du mal à vous réveiller le matin!
- Sachez où vous voulez aller dans la vie et comment y parvenir. La seule autre option consiste à errer sans but dans la vie et, avant de vous en apercevoir, 20 années se seront écoulées!
- Motivez-vous. Soyez entreprenant et prenez votre destinée en main; n'attendez pas les autres ou les circonstances idéales pour

vous motiver. Rappelez-vous que vous êtes le PDG de Moi Incorporé.

PARTIE 2 : GESTION DE SOI

7

Comment vous gérez-vous?

« Aucun homme n'est libre qui ne soit maitre de lui-même. »
— Epictète

« La première et la meilleure victoire est de se conquérir soi-même. » – Platon

« Nous ne pouvons devenir ce que nous devons être en restant tels que nous sommes. » — Max Depree

« La discipline équivaut à la liberté. »
— Jocko Williams & Leif Babin, *Extreme Ownership*

« C'est votre vie. Saisissez-en le gouvernail. » — Source inconnue

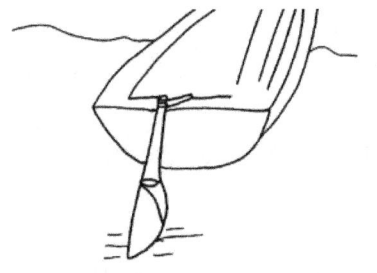 Sur une échelle de 1 à 10, quel est votre niveau de maitrise de soi? À combien évaluez-vous votre autodiscipline? Avez-vous des pensées et des comportements constructifs 100 % du temps? Ou est-ce que vous trébuchez parfois, trouvant ardu de travailler dans des circonstances difficiles? Les employés formidables font un effort pour se gérer eux-mêmes. Ils sont responsables, conscients et en contrôle d'eux-mêmes, motivés et capables de travailler par eux-mêmes sans avoir besoin d'être constamment guidés. À l'inverse, les gens qui ne se gèrent pas sont comme un bateau sans gouvernail! Ils laissent le vent (les autres) déterminer leur direction et leur vitesse.

C'est ce questionnement qui est à l'origine des travaux de Charles Manz et Henry Sims. L'idée de l'autogestion et de l'auto-leadership a commencé avec le travail décisif de ces chercheurs. Selon eux, l'auto-leadership s'agit d'un type de substitut pour le leadership externe : si les employés sont capables de se gérer eux-mêmes, alors ils n'ont pas besoin de quelqu'un pour les pousser, organiser, surveiller, et contrôler. Logique, non?

L'auto-leadership (la gestion de soi) prend racine dans trois types de stratégies selon ces chercheurs.

1. La première stratégie vise à développer des **pensées constructives** et optimistes pour remplacer les schémas de pensées dysfonctionnels. Ici, il est question de purifier son discours interne et de se former des images mentales positives et inspirantes.

2. La deuxième stratégie, dite **comportementale,** se divise en quatre formules. Un auto-leadeur commencera par porter un regard sur lui-même et sur ses habitudes. Avec une conscience de soi développée, il identifiera les comportements qui

pourraient être modifiés. Une fois qu'il aura identifié ce qu'il désire modifier ou améliorer, l'auto-leadeur se fixera des objectifs précis qui l'aideront à mener à bien son projet. Il développera ainsi un système de récompenses personnelles qui l'aidera à demeurer motivé et à persévérer pour atteindre ses objectifs. Finalement, il sera capable de s'autoévaluer afin de voir s'il progresse suffisamment. Des stratégies supplémentaires pour demeurer sur la bonne voie seront alors développées pour s'assurer de l'atteinte des objectifs.

3. La troisième stratégie se veut un **moyen de maintenir sa motivation** en tout temps. Ainsi, au lieu de se récompenser avec des gratifications externes, l'auto-leadeur cherchera des récompenses intrinsèques liées à la réalisation de ses tâches.

Où pensez-vous vous situer? Est-ce que le leadership personnel est quelque chose que vous poursuivez activement ou êtes-vous plutôt passif, en attente de direction, d'inspiration et de motivation de la part de quelqu'un d'autre? Est-ce que vous reportez des tâches importantes au point de devoir vous précipiter pour les terminer à la dernière minute? Est-ce que vous retardez la satisfaction et résistez aux tentations? Quand vous êtes démotivé, comment gérez-vous cela? Que faites-vous, le cas échéant, pour transformer un sentiment de désintérêt et d'indifférence en enthousiasme et en mobilisation? Que faites-vous pour prendre en charge votre « bateau » et l'amener à bon port? Comme Jocko Williams et Leif Babin l'avancent dans leur bestseller Extreme Ownership, « le test n'est pas complexe : quand l'alarme se déclenche, vous levez-vous du lit ou vous recouchez-vous confortablement pour vous rendormir? Si vous avez la discipline requise pour sortir du lit, vous gagnez, vous passez le test. Si vous êtes mentalement faible et que vous laissez cette faiblesse vous garder au lit, vous échouez. Bien que cela semble anodin, cette faiblesse se répercute sur des décisions plus importantes. Mais si vous exercez votre discipline, cela se répercute aussi sur des éléments plus substantiels de votre vie. »

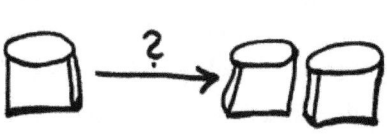

Le message de Jocko Williams et Leif Babin peut sembler dur, mais il fait écho aux résultats de recherche de Walter Mischel. Dans son livre *Intelligence émotionnelle*, Daniel Goleman présente le scénario que Walter Mischel a utilisé dans de nombreuses études : « Imaginez que vous avez quatre ans et que quelqu'un vous fait la proposition suivante : puisqu'il doit quitter pour faire une course, si vous patientez le temps qu'il ait terminé sa course et soit revenu, vous aurez deux guimauves en récompense; sinon, vous recevrez une seule guimauve, mais vous l'aurez tout de suite. » Que feriez-vous le plus probablement? (Si l'idée de manger une guimauve vous laisse de marbre, remplacez-la par quelque chose de plus tentant pour vous.) Attendriez-vous que le chercheur revienne, ou avaleriez-vous la guimauve dès que le chercheur aura quitté la pièce?

Les résultats à long terme des études de Walter Mischel sont révélateurs. Les enfants qui mangèrent la guimauve immédiatement devinrent par la suite des adultes moins confiants, moins en contrôle d'eux-mêmes et plus impulsifs. À l'inverse, ceux qui avaient été capables d'attendre patiemment les deux guimauves s'étaient avérés, une fois devenus adultes, plus confiants et plus aptes à faire face au stress et à atteindre leurs objectifs. Il est intéressant de voir à quel point une expérience aussi banale peut prédire le succès dans la vie.

Quelles caractéristiques distinguaient donc ces deux groupes d'enfants? Selon le chercheur, il semblerait que l'explication réside dans l'utilisation de leur système « chaud » (émotionnel) ou de leur système « froid » (rationnel) pour se contrôler. Lorsque les enfants se concentraient sur les aspects « froids » des récompenses (par exemple, imaginer que les guimauves étaient des nuages), ils pouvaient attendre beaucoup plus longtemps que ceux qui se concentraient sur les aspects « chauds » des récompenses (penser que les guimauves étaient sucrées et molles). Walter Mischel en a conclu que, « quelle que soit la situation objective (c'est-à-dire si les tentations sont présentes ou absentes), les gens peuvent activer le système chaud ou froid par la manière dont ils interprètent et se représentent mentalement les évènements.... Ils ont le pouvoir de créer les conditions mentales qui peuvent les aider à résister à la tentation et à faire face à l'adversité. »

Il a également constaté que l'auto-distraction pouvait servir de moyen alternatif d'exercer un contrôle sur soi. Lors de l'expérience, par exemple, lorsqu'on demandait aux enfants de penser à « maman qui les pousse sur une balançoire » ou lorsqu'ils étaient distraits par une autre activité, ils résistaient beaucoup plus longtemps que ceux à qui on avait dit de penser à... des guimauves. Le chercheur en a conclu que « la maitrise de soi efficace exige que l'on soit stratégique pour savoir quand être plus "froid" ou plus "chaud" en tenant compte des caractéristiques propres à chaque situation ».

Voici certains des éléments clés de l'autogestion et de l'autodiscipline :

1. Traversez les situations difficiles en maîtrisant ce que vous dites et en posant des gestes positifs et constructifs.

2. **Retardez la gratification.** Les personnes responsables sont capables de se contrôler. Au lieu d'être dirigées par leurs désirs, elles les maitrisent. Ainsi, au lieu de vous récompenser immédiatement, attendez de le mériter vraiment (soit après avoir atteint un objectif).

3. **Tolérez la frustration.** Les gens qui peuvent tolérer la frustration sont capables de persévérer face aux exigences

rivales. Par exemple, quelqu'un qui actionne son klaxon et crie des insultes à tue-tête aux autres automobilistes dans un embouteillage ne tolère pas la frustration.

4. **Réfléchissez avant de répondre.** Les gens qui réfléchissent avant de parler sont moins portés à regretter ce qu'ils disent. Demandez-vous si votre intervention est essentielle ou si vous pouvez garder votre remarque pour vous-même. N'oubliez pas de « tourner votre langue sept fois dans votre bouche avant de parler »!

5. **Mettez les choses en perspective.** Certaines choses qui semblent importantes à l'heure actuelle deviennent complètement insignifiantes à long terme. Demandez-vous : « Cela sera-t-il important dans dix ans? » Au-delà de cela, il y a des choses que nous contrôlons et sur lesquelles nous pouvons agir, et il y a des choses sur lesquelles nous n'avons aucun pouvoir et sur lesquelles nous ne devrions pas tenter d'agir.

Mettre les choses en perspective est une compétence importante dans le développement de l'autodiscipline. En effet, il est important de savoir qu'il existe des choses sur lesquelles nous pouvons agir et des choses que nous ne pouvons pas contrôler et sur lesquelles nous ne devrions pas agir. Intéressant, mais comment s'y prendre concrètement? La grille du pouvoir personnel de Dennis Jaffee et Cynthia Scott pourrait nous aider à mettre les choses en perspective. Selon ces chercheurs travaillant sur l'épuisement professionnel, il existe deux axes : le degré de contrôle que nous avons dans une situation et la façon de répondre à la situation. Le tableau suivant vous permettra de les visualiser.

	Peut être contrôlé	Zone de risque	Ne peut pas être contrôlé
Passer à l'action	Maitrise de la situation		Effort incessant
Ne pas agir	Abandonner		Lâcher-prise

Comme l'indique cette grille du pouvoir personnel, **la prise d'action est appropriée uniquement lorsque vous pouvez contrôler une situation.** C'est alors un exemple de maitrise de la situation.

Vous vous engagez dans un effort incessant lorsque vous essayez de prendre des mesures sur des choses que vous ne pouvez pas contrôler. Cela peut se produire, par exemple, lorsque vous essayez de modifier le comportement de quelqu'un d'autre. Rappelez-vous : « On ne peut aider quelqu'un qui ne veut pas s'aider »!

Vous abandonnez lorsque vous demeurez impassible face à ce que vous pouvez contrôler. Cela pourrait se produire lorsque vous autorisez les autres à prendre des décisions pour vous, lorsque vous vous sentez impuissant, désespéré ou lorsque vous vous conformez simplement à l'opinion populaire plutôt que de prendre des risques.

Le contraire de la maitrise de la situation est le lâcher-prise. **Il est donc approprié de ne rien faire lorsque vous n'avez pas le contrôle de la situation.** C'est une compétence particulièrement difficile, mais importante à acquérir. Comme le dit Denis Gaumond, professeur retraité de l'UQAM (communication personnelle) : « Plus j'avance dans la vie, plus j'accepte de déposer sur ma route les valises qui ne m'appartiennent plus, qui m'alourdissent et qui ralentissent mon pas, m'empêchent de marcher, de danser, de chanter et qui diminuent mes gestes de liberté. »

Vous avez probablement réalisé que les quadrants « maitrise de la situation » et « lâcher-prise » vous permettent une meilleure utilisation de votre temps. **Ce sont les quadrants les plus sains de la grille du pouvoir personnel.** Ainsi, si vous êtes pris dans « l'effort incessant », demandez-vous ce que vous pourriez faire pour aller vers le « lâcher-prise ». À l'inverse, s'il existe des choses pour lesquelles vous avez tendance à « abandonner », essayez plutôt de regagner la « maitrise de la situation ». Choisissez donc vos batailles et vous en sortirez peut-être plus souvent gagnant.

Si vous avez du mal à vous libérer, les règles suivantes peuvent vous être utiles :

1. **Cessez de vous en faire pour un rien.** Vous devrez identifier puis prioriser les choses qui sont vraiment importantes et ne vous préoccuper que de celles-ci, mais pas excessivement. Changez votre perspective : tout n'est pas d'égale importante. Pour relativiser les choses, demandez-vous : « Est-ce que cette petite chose va changer ma vie? » Si la réponse est non, lâchez prise!

2. **Rien n'est important.** Si vous n'avez pas la santé, peu importe le nombre de choses importantes que vous pensez faire, elles ne seront pas accomplies. Votre santé est la chose la plus importante. Prenez donc soin de vous, évacuez le stress et laissez faire le reste. **« Si vous ne pouvez ni combattre ni fuir, laissez aller »** (auteur inconnu). Lorsque la situation requiert un combat (par exemple, si c'est quelque chose qui aura un impact énorme sur vous et d'autres personnes), vous devriez

agir (mais sans nécessairement vous battre, par contre!) Mais si vous êtes face à une situation où vous ne devriez – ou ne pouvez – ni combattre ni fuir, alors acceptez-là et faites la paix avec elle. Ne nagez pas à contre-courant.

Que faire si ces règles n'ont pas rassuré le fervent adepte du contrôle qui se cache en vous? Rappelez-vous que **dans n'importe quelle situation, vous pouvez identifier la portion sur laquelle vous avez un contrôle (même si vous pensez que vous n'en avez aucun).** Gardez en tête que les croyances que vous avez sont limitées et essayez de nouvelles choses qui se trouvent dans votre « zone de risque ». Voici un exemple. Imaginez que vous êtes à l'aéroport et que vous venez d'apprendre que votre vol est retardé de deux heures en raison de la météo.
Quelle serait votre réaction? Voici quelques conseils. Tout d'abord, ne passez pas votre frustration sur les autres : ni eux ni vous ne contrôlez la météo. Vous devez lâcher prise et changer votre façon de voir les choses. Respirez profondément, appelez les personnes qui vous attendent, faites une promenade, parlez à d'autres passagers ou lisez le livre que vous essayez de lire depuis belle lurette.

Voici votre défi en deux parties

Partie 1
Je vous invite à penser à un moment où vous avez vécu une expérience stressante ou négative dans votre vie. Que vous êtes-vous dit pendant cette expérience? En d'autres termes, que pensez-vous de la situation, de vous-même et des autres personnes qui ont peut-être été impliquées? Comment vous êtes-vous senti dans la situation? Décrivez les émotions spécifiques que vous avez vécues. Qu'avez-vous fait pour gérer cette expérience? Décrivez vos actions et réactions. Gardez une trace de votre histoire et de votre analyse dans votre journal de bord.

Partie 2

Dans la partie 2, vous explorerez votre capacité à faire de l'autodiscipline.

1. Passez quelques minutes à identifier vos priorités et objectifs les plus importants sur une période de trois jours cette semaine.

2. Identifiez les cinq choses les plus importantes qui sont susceptibles de vous distraire et déterminez comment vous pouvez réduire leur impact.

3. Ensuite, pendant cette période, essayez de vous recentrer sur vos priorités et vos objectifs. Évitez les distractions, qui vous détourneront de vos priorités et de vos objectifs. Restez dans les quadrants les plus sains, soit maitriser la situation et lâcher prise. Par exemple, si vous êtes pris dans le quadrant « effort incessant », demandez-vous ce que vous pourriez faire pour passer au quadrant « lâcher prise ».

Gardez une trace de vos défis et succès dans votre journal de bord.

Réflexion

Répondez aux questions suivantes dans votre journal de bord.

1. En ce qui concerne la partie 1, qu'avez-vous appris de vous dans cette expérience? Que dit votre expérience sur votre capacité à vous gérer?

2. Maintenant, si vous reviviez cette expérience stressante, que pourriez-vous vous dire qui serait plus stimulant et constructif? Comment préfèreriez-vous vous sentir dans l'expérience? Quelles pensées pourraient vous aider à transformer les émotions négatives en émotions positives ou neutres? Que pouvez-vous faire différemment pour vous aider à gérer plus efficacement la situation?

3. En ce qui concerne la partie 2, quelles ont été vos réactions pendant l'exercice? L'exercice était-il facile ou difficile à faire? Pourquoi?

4. Qu'est-ce que vos actions disent de votre capacité à pratiquer l'autodiscipline?
5. Avez-vous développé des trucs/stratégies personnels pour être plus discipliné? Si oui, lesquels?

Plan d'action
Dans votre journal de bord, décrivez les trois mesures spécifiques que vous prendrez à partir de maintenant pour développer votre capacité d'autodiscipline au travail, à l'école et/ou à la maison. Indiquez les actions et les échéanciers spécifiques et comment vous évaluerez si vous avez terminé votre plan avec succès.

Matière à réflexion
- Gérez-vous. N'attendez pas que votre *sauveur* vienne vous libérer de votre situation. Si vous n'êtes pas satisfait, faites quelque chose à ce sujet. Ne rendez pas les autres malheureux en pleurnichant sur votre sort. Déterminez ce que vous pouvez faire pour réparer une situation.
- Attendez la deuxième guimauve! Retardez la gratification, mettez les choses en perspective, réfléchissez avant de parler et faites toutes les grandes choses associées aux gens émotionnellement intelligents.
- Concentrez-vous sur ce qui vous importe le plus.
- Souvenez-vous que vous êtes le capitaine de votre navire. Vous pouvez parvenir à diriger votre gouvernail. Ne vous laissez pas embourber par les banalités.
- Si vous vous sentez dépassé par une situation, ne réagissez pas immédiatement. Donnez-vous le temps de réfléchir, appelez un ami et analysez la situation sous un angle différent.

8

Avez-vous des pensées néfastes?

« Le plus grand obstacle à la résolution de nos propres problèmes est que nous confondons souvent la réalité avec ce que nous inventons. » — Miles Sherts, *Conscious Communication*

« N'attribuez pas à la malice ce qui peut être expliqué autrement. » — Alain de Botton

« Ce qui dérange les esprits, ce ne sont pas les évènements, mais les jugements qu'ils en tirent. » — Epictète

Croyez-vous être objectif lorsque vous évaluez une situation particulière, une personne ou vous-même? Souvent, nous pensons que notre jugement est fiable et que nous pouvons bien contrôler nos biais de perception et nos distorsions cognitives. Or, ce n'est pas toujours le cas! Notre perception peut être trompée, et ce, bien malgré nous. Il existe beaucoup de facteurs qui peuvent nous empêcher d'avoir une vision objective des situations.

Les erreurs de perception et les distorsions cognitives peuvent créer des ravages et entraver notre capacité à être efficaces, surtout comme employés formidables. Ces erreurs sont comme un boulet que nous trainons inconsciemment. Il est parfois impossible de se rendre compte à quel point elles nous pèsent. Les plus courageux tenteront de s'en libérer en les confrontant en temps et lieu. Mais, chose certaine, elles nous mettent dans le pétrin.

Il existe de nombreuses causes d'erreurs de perception et de distorsions cognitives, mais elles se résument toutes par le fait de ne pas prendre le temps de réfléchir et de nous confronter à la réalité. Par exemple, « Roger » pourrait émettre un jugement précipité sur « Coco » sans prendre le temps de développer une image plus complète de qui elle est. Ou alors, Coco peut ne pas aimer les personnes qui portent la couleur orange et conclure automatiquement qu'ils sont incompétents, fondant ainsi son jugement des gens sur quelque chose de complètement hors-propos.

Ou encore : « Roxanne » s'attend à ce que son nouveau superviseur soit exigeant, et voilà qu'il est effectivement plutôt exigeant. Nous ne sommes souvent pas au courant de nos erreurs de perception et distorsions cognitives et même les employés formidables y sont sujets; c'est la manière dont ils les traitent qui les distingue du reste de la meute. Les employés géniaux prennent le temps de rassembler des informations sur une personne ou une situation, utilisent toutes ces informations pour arriver à une conclusion et se faire un jugement et remettent en question les perceptions, les pensées et les croyances qu'ils ont sur les gens. Ils ne restent pas avec leurs œillères trop longtemps!

Voici une liste de dix erreurs perceptuelles et distorsions cognitives courantes. En lisant la liste, cochez celles qui vous concernent le plus. Essayez également de trouver des exemples personnels pour chaque erreur et distorsion. Cela pourrait être quelque chose que vous avez fait ou que quelqu'un d'autre a fait et dont vous avez été témoin.

1. **Les premières impressions.** Il s'agit de se faire une idée sur une personne ou une situation à partir de notre première impression seulement. Par la suite, les autres éléments que nous découvrirons ne feront que confirmer cette première impression. Par exemple, si vous pensez que Roger a un grand sens de l'humour lorsque vous le rencontrez, vous remarquerez surtout son sens de l'humour au fur et à mesure que vous apprendrez à le connaître davantage.

2. **L'effet de contraste.** Il s'agit d'évaluer une personne ou une situation en comparaison avec une autre. Par exemple, Coco, une artiste moyenne, semble être une mauvaise interprète quand elle est contrastée avec une artiste performante comme Roxanne. À l'inverse, la performance de Coco peut sembler très bonne quand elle est comparée à celle d'une personne particulièrement terne.

3. **La perception sélective.** Il s'agit de ne porter attention qu'aux éléments qui confirment notre perception à priori. Par exemple, si vous avez une mauvaise opinion de Coco, vous remarquerez seulement ce qui confirme votre perception et ignorerez ses points forts. Cette erreur perceptuelle chevauche la distorsion de la cognition appelée filtre mental. Lorsque Roxanne fait un filtrage mental positif par rapport à son travail, elle en ignore tous les aspects négatifs; quand elle fait un filtrage mental négatif, elle ne voit que les mauvais côtés de son travail.

4. **L'effet de halo (cornes ou klaxons).** Il s'agit d'une erreur qui se produit lorsqu'une seule caractéristique d'une personne ou d'une situation influence l'opinion que nous avons de celle-ci (qu'elle soit positive ou négative). Par exemple, Roger pourrait penser que Roxanne est une employée géniale simplement parce qu'elle lui dit bonjour en déambulant dans son bureau le matin. À l'inverse, Roger peut penser que son superviseur est un tyran si celui-ci l'a grondé une fois pour avoir utilisé son téléphone portable lors d'une réunion.

5. **La projection.** Il s'agit de transférer nos sentiments sur une autre personne. Par exemple, Roxanne pourrait dire aux autres qu'ils ont l'air inquiets, alors qu'en réalité, c'est elle qui est inquiète.

6. **Le stéréotype ou le cliché.** Il est question de réduire nos perceptions d'une situation ou d'une personne à des catégories véhiculées dans la société. Par exemple, Roger peut penser que Coco roule mal parce qu'elle est une femme ou que Roxanne est « cultivée » parce que sa famille vient de France.

7. **La pensée « tout ou rien ».** Les choses n'ont aucune nuance; elles sont toutes noires ou toutes blanches. Il n'y a pas de zones grises, seulement deux extrêmes. Par exemple, Roger s'attendait à atteindre 100 % de son objectif de ventes, mais il n'en obtient que 90 % et le vit comme un cuisant échec.

8. **La généralisation.** Vous pensez que certaines choses vous arrivent « toujours » et que d'autres ne vous arrivent « jamais ». Par exemple, Roxanne a raté le bus ce matin et a « remarqué » que cela lui arrivait toujours. Ou encore, Roxanne a vu Coco ramener du travail à la maison un jour et en a conclu que Coco ramène *toujours* son travail à la maison. De la même manière, les gens peuvent être enclins à l'exagération et à la minimisation. Par exemple, Roger pourrait surestimer l'impact de ses faiblesses (en pensant qu'elles l'empêcheraient d'avoir une

quelconque carrière) et, en même temps, minimiser l'importance de ses nombreux talents.

9. **Les conclusions hâtives.** Il s'agit de conclusions irrationnelles et non justifiables qui ne sont basées sur aucun fait; ces conclusions sont tirées sans avoir pris le temps de vérifier notre interprétation et de recueillir plus de faits au préalable. Par exemple, Coco pense que Roxanne la déteste parce que cette dernière a appuyé sur le bouton « fermer les portes » de l'ascenseur au moment où elle arrivait (en réalité, Roxanne avait l'intention d'appuyer sur le bouton « ouvrir les portes », mais s'est mélangée).

10. **Le raisonnement émotif.** Vous pensez que ce que vous ressentez (vos émotions et vos sentiments) est le reflet de la vérité ou la réalité de la situation (indépendamment des faits objectifs de celle-ci). Par exemple, Roxanne pourrait être en colère contre Roger et, par conséquent, conclure qu'il a fait quelque chose de mal alors qu'il n'en est rien.

Auriez-vous des exemples d'erreurs de perception et de biais cognitifs que vous ou quelqu'un d'autre avez commises? Comme vous pouvez l'imaginer, ne pas en être conscient peut avoir un effet désastreux sur votre capacité à voir le monde tel qu'il est. Vos communications, vos relations et votre productivité en souffriront probablement.

Alors, que pourriez-vous faire pour réduire vos erreurs et distorsions? Voici quelques suggestions :

1. **Prenez-en conscience.** Nous avons tendance à fonctionner sur le « pilote automatique » et à ne pas être conscients de nos biais et erreurs. En plus d'arrêter de penser à ce que vous faites, il peut être utile de demander aux autres ce qu'ils pensent.

2. **Miser sur les faits concrets et objectifs de la situation.** Séparez les faits de vos interprétations souvent empreintes

d'erreurs et de préjugés. Décrivez la situation qui a déclenché votre erreur ou distorsion. Ce faisant, vous serez obligé de rapporter des faits concrets et non votre interprétation de ceux-ci. Demandez-vous quelles preuves seraient nécessaires pour étayer votre point de vue et essayez de voir si cette preuve existe. Peut-être verrez-vous que la situation n'est pas si négative après tout ou encore que vous avez réagi de manière excessive. Ne sautez pas aux conclusions.

3. **Essayez de voir la situation sous différents angles.** Cela peut inclure des observateurs neutres ou l'autre personne impliquée dans une situation. Mettez-vous à la place de l'autre et essayez de comprendre la situation de son point de vue, mais aussi de recevoir les commentaires des autres. Laissez place à des hypothèses alternatives. Donner aux gens le bénéfice du doute. Ne présumez pas qu'ils en ont après vous. Faites attention à vos comportements qui pourraient influencer le comportement des autres. Par exemple, Coco s'éloigne de Roger parce qu'elle a l'impression qu'il l'ignore; en retour, Roger garde ses distances par rapport à Coco parce qu'il ne comprend pas pourquoi son comportement a changé. Coco devrait réaliser que le comportement de Roger envers elle est influencé par son comportement envers lui.

4. **Faites attention aux facteurs ou au contexte qui pourraient influencer la situation** et qui pourraient échapper au contrôle de tout le monde. Éliminer les autres explications possibles avant d'attribuer la situation aux autres. Le nombre d'erreurs et de distorsions que nous faisons augmente de manière significative lorsque les situations sont inattendues, complexes ou peu claires et lorsque nous ne savons pas comment les traiter.

5. **Évitez de faire des jugements arbitraires et catégoriques.** Laissez de la place pour des explications alternatives. Souvent, en disant ce que vous pensez à haute voix, vous trouverez que

c'est tiré par les cheveux ou inapproprié. En outre, ne tirez pas de conclusions hâtives; demandez-vous si ce que vous pensez aurait du sens pour un observateur objectif. Par exemple, malgré son bon record d'assiduité, Roger arrive en retard deux fois la même semaine. Si Roxanne base sa perception uniquement sur les comportements de Roger cette semaine, elle dira qu'il a tendance à être tardif et désorganisé.

6. **Rappelez-vous que vous ne percevez jamais les choses telles qu'elles sont réellement** (et les autres non plus). Au contraire, l'information est sélectionnée, organisée et interprétée par notre cerveau pour satisfaire nos besoins et confirmer nos attitudes. Le monde perçu n'est pas le monde réel. Donner aux gens le bénéfice du doute.

7. **Rappelez-vous que les situations sont neutres et que c'est votre interprétation de la situation** qui crée des problèmes pour vous. Reconnaissez que les erreurs et les distorsions proviennent des pensées que vous avez sur une situation et qu'elles ne représentent pas la situation elle-même. La situation elle-même est neutre; elle devient positive ou négative en fonction de l'étiquette que vous y accolez. Donc, ne prenez pas tout personnellement et ne supposez pas que quelqu'un ait l'intention de vous attaquer ou de vous insulter.

8. **Essayez de percevoir les choses avec précision.** Chacun de nous a un cadre de référence personnel qui filtre toutes les données sensorielles que nous recevons (ce que nous voyons, entendons, sentons, sentons et goutons). Ce cadre de référence est influencé par plusieurs facteurs tels que nos besoins, nos expériences passées, notre estime de soi et nos traits personnels. En jugeant une autre personne, vous pourriez demander : « Mon cadre de référence obscurcit-il ma vision de la "vraie" personne et de son comportement actuel? » Essayez de prendre conscience de ce qui se trouve dans votre « boite » et de limiter

votre perspective de la situation. En outre, essayez de mettre de côté votre propre cadre de référence afin de saisir le cadre de l'autre personne.

9. **Arrêtez de vous inquiéter de ce qui pourrait arriver.** Si vous vous sentez stressé, vos perceptions et vos pensées seront particulièrement déformées. Faites une pause pour vous calmer et respirer si vous vous sentez particulièrement stressé ou contrarié. Lorsque vous êtes calme et détendu, vous êtes mieux placé pour faire face à une situation.

10. **Identifiez des pensées justes et équilibrées.** Par exemple, au lieu de tout voir en noir et blanc (je suis soit stupide, soit incroyable), essayez d'être plus nuancé (je suis très bon, mais je devrais travailler sur certaines choses pour aller encore mieux). Démasquez vos erreurs et distorsions et remplacez-les par des pensées réalistes.

11. **Pensez à ce que vous pourriez faire au sujet de la situation.** En ayant une perspective plus équilibrée, la situation peut cesser d'être importante et vous pouvez décider que vous n'avez pas besoin de prendre de mesures spéciales pour la résoudre. Réalisez que la plupart des choses dont les gens s'inquiètent ne se produisent pas.

12. **Créez des affirmations positives** que vous pouvez utiliser pour contrer les erreurs et les distorsions dans le futur. Par exemple, au lieu de dire « je suis incompétent », dites « j'apprends encore ».

13. **Assumez vos responsabilités.** Si ce que vous dites est parsemé d'excuses, cherchez des patterns dans les types d'excuses que vous utilisez et trouvez-y des alternatives.

Voici votre défi en deux parties

Partie 1

Afin de prendre conscience des différents biais et distorsions, je vous invite de faire la lecture des descriptions des erreurs de perception et des distorsions cognitives trois fois cette semaine (en fin de journée). En les relisant, tentez d'identifier ceux qui reflètent des attitudes et des façons de penser que vous avez adoptées pendant la journée. Essayez de déconstruire ces biais et ces erreurs en trouvant des contre-arguments pour avoir une perception plus juste de ce que vous vivez. Identifiez des preuves ou des faits objectifs qui : (a) appuient vos erreurs et distorsions; et (b) les contredisent. Comme ajout à votre analyse, vous pourriez créer le tableau suivant. Gardez une trace de vos efforts dans votre journal de bord.

Situation	Exemple : En arrivant au travail...
Pensées	« J'ai trop de travail, je ne vais jamais y arriver. »
Type d'erreur ou distorsion	Conclusion hâtive
Émotions et comportements	Panique Découragement. Comportement hyperactif Stress
Pensées alternatives	« Je peux demander de l'aide. » « Jusqu'à présent, j'y suis toujours arrivé. » « Je vais bien planifier les tâches dans mon agenda et tout ira bien! »

Partie 2

Je vous invite à passer en revue et suivre les conseils pour identifier et contrôler vos biais et distorsions au cours des quatre jours suivants de la semaine. Gardez une trace de vos efforts dans votre journal de bord.

Réflexion

Répondez aux questions suivantes dans votre journal de bord.

1. Quelles sont les trois erreurs de perception et distorsions cognitives que vous avez commises le plus souvent? Quand ou dans quelles situations avez-vous commis le plus souvent des erreurs de perception et des distorsions cognitives?
2. Pourquoi pensez-vous avoir souvent fait ces erreurs de perception?
3. Quelles tentatives avez-vous faites pour les éliminer?
4. Dans quelle mesure avez-vous réussi vos tentatives?
5. Quelles leçons avez-vous apprises en faisant cet exercice?

Plan d'action

Dans votre journal de bord, expliquez ce que vous allez faire dorénavant pour reconnaitre et écarter progressivement les distorsions cognitives et les erreurs de perception de vos réflexes. Indiquez les actions et les échéanciers spécifiques et comment vous évaluerez si vous avez terminé votre plan avec succès.

Matière à réflexion

- Réalisez que tout le monde ne voit ni n'interprète une situation de la même manière que vous. Dans une même image, vous pourriez voir deux visages alors quelqu'un d'autre pourrait voir un vase. N'insistez pas sur le fait que vos interprétations sont correctes et que les autres ont tort; soyez ouvert à d'autres interprétations.

- Évitez les erreurs de perception et les préjugés cognitifs aussi souvent que possible. Nous en avons tous alors ne soyez pas trop dur avec vous-même. Oui, c'est vrai! La plus grande erreur s'agit de ne pas être consciente de nos erreurs! Donc, essayez d'être plus conscient d'eux et vérifiez l'exactitude de vos perceptions.
- Défiez vos pensées négatives et remplacez-les avec des pensées positives et affirmatives qui facilitent la vie, à la fois pour vous et pour les autres.
- Ne présumez de rien. Vérifiez vos perceptions. Demandez-vous : « Ai-je bien compris ou y a-t-il quelque chose qui me manque? Suis-je en train de broyer du noir en raison du stress, de la faim, de la fatigue ou d'autres facteurs?

9

Maitrisez-vous vos attitudes et émotions?

« Le remède à l'ennui est la curiosité.
Il n'y a pas de remède à la curiosité. » — Dorothy Parker

« Ce qui se passe n'est jamais aussi important
que la façon dont vous y réagissez. » — Thaddeus Golas

« Les gens sont embauchés pour leurs aptitudes, mais renvoyés
en raison de leur attitude. » — Chantal Binet

Comment réagiriez-vous à un pneu crevé? Dans son livre classique, *The Sky's the Limit*, le gourou de la motivation Wayne Dyer présente la situation suivante.

Imaginez que vous conduisiez sur une route déserte à trois heures du matin — seul, sans cellulaire ni aucun moyen de communiquer avec quelqu'un d'autre. Or voilà que votre voiture passe sur un clou qui traînait au beau milieu de la route et Paf! Vous voilà aux prises avec une jolie crevaison. Vous vous rangez sur le côté de la route et arrêtez votre voiture. Bien que vous possédiez un pneu de secours dans le coffre, vous n'avez jamais changé un pneu de votre vie.

AVANT DE CONTINUER À LIRE, ESSAYEZ D'IMAGINER CE QUE VOUS FERIEZ DANS CETTE SITUATION.

Maintenant, lisez les cinq scénarios suivants et identifiez ceux qui ressemblent le plus à ce que vous feriez dans une telle situation :

1. Vous vous sentez pris de **panique**! Vous êtes confronté à un problème et vous sentez que vous n'avez pas la possibilité de le résoudre. Vous pleurez et sortez de la voiture. Vous faites les cent pas. Vous pourriez devenir hystérique et insulter votre pneu ou le clou sur la route. Vous dépensez beaucoup d'énergie dans la colère, la frustration et la confusion. Aucune énergie n'est dédiée à la résolution de votre problème.

2. **C'est l'inertie.** Vous êtes incapable de vous bouger et d'agir. Après avoir hurlé, donné un coup de pied sur la voiture, maudit le clou dans la route et ventilé votre colère, vous pouvez passer quelques minutes à ne rien faire. Peut-être resterez-vous dans la voiture à maugréer au sujet de votre malheur pendant un moment. Vous espérez qu'une solution se présente, mais vous ne faites absolument rien pour la trouver.

3. **Vous vous retroussez les manches!** Vous consacrez de sérieux efforts et beaucoup d'énergie à quelque chose qui vous semble constructif. Vous ouvrez le coffre de la voiture et trouvez le pneu de secours et les outils nécessaires, mais vous ne savez pas comment vous y prendre. Vous marchez à quelques centaines de mètres à la recherche d'une maison ou de quelqu'un pour vous aider, puis vous rebroussez chemin. Vous vous rendez à l'évidence : il n'y a aucune maison ou civilisation à proximité. Peut-être retomberez-vous dans la panique ou dans l'inertie. Peut-être tenterez-vous de changer le pneu malgré tout, puis vous abandonnerez en raison d'un manque de compétences.

4. Vous avez tendance à **faire face aux problèmes**, ce qui signifie vous mettre en action pour les résoudre. Dans cette situation, vous ne pouvez pas réparer votre pneu comme par magie, mais au moins vous n'êtes pas inerte ou hystérique. Dans les premières minutes, vous pouvez vous dire : « Eh bien, il n'y a personne à proximité, c'est une route déserte. Si je lis comment changer le pneu et que je procède avec prudence, il y a des chances pour que je me sorte de cette situation avant que quelqu'un ne vienne m'aider. » Peut-être vous direz-vous aussi : « Les risques de me tromper sont trop élevés. Je viens d'installer les feux de détresse alors j'attendrai patiemment jusqu'à ce que quelqu'un arrive pour m'aider. Je vais dormir toute la nuit dans la voiture s'il le faut. » Ou encore, peut-être déciderez-vous de marcher longtemps dans un sens ou dans l'autre, peu importe le temps que cela vous prendra, afin de trouver de l'aide. Quoi que vous décidiez, votre décision sera probablement cohérente avec ce que la société attend de vous dans une telle situation.

5. Vous vous voyez comme le **maitre de votre propre destin**. Même si vous n'avez jamais eu un pneu à plat auparavant, vous passez à l'action. Vous savez qu'il y a un manuel du propriétaire dans la boite à gants avec des diagrammes et des instructions étape par étape. Vous savez que vous allez comprendre comment procéder. Bien que changer un pneu pour la première fois impliquera certainement quelques tâtonnements, cette situation suscitera aussi de l'excitation et fera appel à votre sens de l'aventure : vous apprendrez à faire quelque chose de nouveau et d'utile. Vous vous sentez capable de maitriser cette situation parce que vous avez confiance en vous. Vous êtes prêt à relever le défi!

Quels scénarios avez-vous choisis? Lesquels représentent le mieux la façon dont vous gérez habituellement les problèmes?

Commencez-vous habituellement par être furieux et jurer (scénario 1), puis passez rapidement en mode solution (scénario 4)? Selon Wayne Dyer, notre comportement dans cette situation fait écho à la façon dont nous avons tendance à faire face aux défis de la vie en général. Vous ne pouvez pas contrôler le fait d'avoir une crevaison, mais vous pouvez contrôler votre réaction.

Beaucoup de gens passent du temps dans les scénarios 1 et 2 quand ils ont renoncé à essayer de changer une situation. Les lutteurs (scénario 3) ont du mal à gérer les défis quotidiens, mais n'améliorent pas beaucoup leur situation.

Selon Wayne Dyer, la plupart des gens considèrent le coping (scénario 4) comme la solution idéale; en d'autres termes, ces gens essaient simplement de s'adapter à la situation. Mais il assimile cela à se conformer aux attentes de la société (« essayer d'être normal » plutôt que d'être le maitre de soi-même).

Wayne Dyer soutient que nous devrions nous ranger du côté de la maitrise de soi (scénario 5). Si nous sommes maitres de nous-mêmes, nous sommes dans le siège du conducteur de nos propres voitures (crevaison ou pas!). Selon lui, « Maitriser signifie être maitre de son propre destin — être la seule personne qui décide comment vous allez vivre, réagir et ressentir dans pratiquement toutes les situations que la vie vous présente... Il s'agit de déterminer ce que vous voulez vraiment et de vous sentir à l'intérieur de vous-même, au lieu de vous accrocher au familier ou à la routine et de rester aux échelons inférieurs de l'échelle. Il s'agit de se faire confiance et de prendre des risques. »

Chaque jour, nous sommes confrontés dès le réveil à des milliers de choix. Certains de ces choix sont anodins (par exemple, ouvrir les yeux) et certains sont automatiques, en ce sens que nous les faisons sans trop y penser (par exemple, se brosser les dents). Certains exigent une réflexion plus délibérée et nécessitent plus d'énergie : l'organisation d'un espace de travail ou le fait de s'assoir pour lire un livre.

Chaque jour, nous faisons des choix même si nous n'en sommes pas conscients : comment dépenser notre argent, où investir notre temps, comment traiter les autres et passer une bonne journée, etc. Le poids de tous ces choix s'ajoute au fil du temps et devient ce que nous sommes. En d'autres termes, **nous devenons nos choix**; nous sommes ce que nous décidons. Or nous pouvons modifier les choix que nous faisons au fur et à mesure que nous en prenons conscience.

Choisir et contrôler nos propres émotions, c'est la clé de l'intelligence émotionnelle. **Ce sont nos réactions aux personnes et aux évènements qui suscitent nos propres émotions, et non les personnes et les évènements en soi.** Nous pouvons choisir et contrôler nos sentiments et nos pensées. C'est une habileté essentielle et précieuse pour tous, mais particulièrement pour les employés formidables.

Les employés géniaux savent qu'ils sont confrontés à des milliers de décisions chaque jour et que celles-ci portent aussi bien sur leurs comportements que sur leurs attitudes et leurs sentiments. Choisir n'est pas subir : il s'agit d'une façon de garder le contrôle sur soi. Les employés formidables choisissent d'adopter des attitudes positives et constructives, car ils savent qu'ils ont la possibilité de le faire.

Tout ceci semble facile à faire, mais la réalité est plus nuancée. Les choix que font les employés fantastiques ne sont pas toujours faciles à faire, mais leur force est de choisir des options qui s'avèreront bonnes. Si vous êtes novice dans la maitrise de soi, voici trois considérations importantes à comprendre.

Comme le suggère Wayne Dyer, nous pouvons choisir et contrôler même nos sentiments et nos pensées. Les employés géniaux le savent. Ils choisissent d'adopter des attitudes positives et constructives, parce qu'ils savent qu'ils peuvent le faire et ils savent que cela leur permet d'être proactifs plutôt que réactifs.

Un des choix qui s'offrent à nous est de décider si nous sommes heureux ou non. Il y a beaucoup de recherches qui font état des avantages à exprimer des émotions positives. Les personnes qui ont tendance à avoir des émotions négatives (telles que la colère, la frustration, l'anxiété ou la jalousie) ont tendance à éprouver plus de détresse, d'agitation, d'insécurité et sont moins impliquées. Elles sont plus réactives et plus facilement stressées. Pas amusant d'en être là! En revanche, ceux qui ont tendance à exprimer des émotions positives (bonheur, gratitude, optimisme) ont des niveaux plus élevés d'énergie et de motivation, une meilleure concentration, une meilleure résilience et une meilleure santé générale. Ils attirent les opportunités.

En outre, la recherche sur les « interactions déprimées » de Dean McKay nous apprend que **les individus qui interagissent avec les personnes déprimées finissent non seulement par absorber ces sentiments, mais par devenir eux-mêmes hostiles et anxieux.** La négativité est d'autant plus contagieuse que les gens ne se soucient pas de limiter leurs pensées lorsqu'ils interagissent avec des gens négatifs; ils se laissent « contaminer ». Préféreriez-vous être entouré de personnes qui ont des attitudes moroses et qui se considèrent comme des victimes ou bien de personnes qui sont optimistes et collaboratives? Considéré dans son ensemble, cela souligne l'importance d'être positif et optimiste au travail.

Une bonne première étape consiste à vous **connecter avec ce que vous ressentez**, c'est-à-dire être capable d'identifier l'émotion précise que vous ressentez (et ne pas simplement dire que vous vous sentez bien ou mal). Il est utile de voir vos émotions comme des informations, en d'autres termes, comme un signal que quelque chose fonctionne ou ne fonctionne pas bien pour vous. Comme l'a dit un jour Eckhart Tolle : « La principale cause du malheur n'est jamais la situation elle-même, mais plutôt ce que vous en pensez.

Soyez conscient des pensées qui vous habitent. Distinguez-les de la situation, qui est toujours neutre. « Il y a la situation ou les faits, voici ma réflexion sur ce sujet. » Au lieu d'inventer des histoires, restez sur les faits. Les histoires sont nos interprétations des choses; elles peuvent nous faire sentir mal.

Chaque fois que vous avez de la difficulté à gérer vos humeurs ou à dépasser vos sentiments de frustration, de colère ou d'agacement, vous trouverez peut-être utile de vous poser cinq questions :

- Quels sont les faits objectifs de la situation? Ceci est particulièrement utile pour mettre les choses en perspective si vous avez tendance à faire une montagne à partir d'un rien. Si vous avez du mal à distinguer les faits de l'interprétation que vous en faites, essayez de regarder la situation du point de vue d'une tierce personne. Qu'est-ce qu'une personne qui serait témoin de la scène en penserait?
- « Comment est-ce que je me sens? » « À quoi est-ce que je pense? » Ce sont vos interprétations et vos réactions à la situation qui conditionnent la façon dont vous y réagissez et ce que vous ressentez.
- Qu'est-ce que je voudrais ressentir? Parce qu'il est facile de rester coincé dans un tourbillon de négativité et de ne se concentrer que sur le négatif, nous devons nous demander ce que nous voulons dans une situation.
- Que puis-je faire pour me sentir mieux dans la situation? Cette étape vous redonne le contrôle : plutôt que de sombrer dans les sables mouvants que vous avez vous-mêmes créés, vous pouvez prendre des mesures pour atteindre la maitrise de soi.

Par exemple, lors d'une récente réunion d'équipe à propos du barbecue d'été annuel, Roxanne se sentait contrariée que personne ne lui ait demandé son opinion. Elle a commencé à se dire que personne n'appréciait ce qu'elle pourrait apporter comme contribution et elle a envisagé de quitter la réunion. Elle voulait se sentir valorisée et incluse, pas mise à l'écart. Mais pendant une pause dans la discussion, Roxanne a décidé de partager son idée, laquelle représentait un compromis entre toutes les différentes options qui avaient été suggérées. L'attention de l'équipe se tourna vers la suggestion de Roxanne et celle-ci se sentit beaucoup plus impliquée dans la réunion. Elle a réalisé que pour se sentir incluse, elle avait besoin de s'inclure elle-même.

Voici un autre exemple. Un matin, Roger est arrivé au travail de mauvaise humeur — agacé, pressé et débordé. Les choses ne s'étaient pas bien passées au bureau la veille, il avait été pris dans un embouteillage et il n'avait pas bien dormi. Il n'était pas d'humeur à faire la présentation qui était prévue dans une heure. Donc, Roger ferma la porte de son bureau, respira profondément, se détendit et se demanda quelles émotions et attitudes l'aideraient à faire une belle présentation. Enthousiasme. Positivité. Vouloir connecter avec d'autres. Roger a pensé à des moments où il se sentait enthousiaste et positif et où il sentait qu'il avait vraiment connecté avec les autres. Il a regardé ses notes pour la présentation, a mis un sourire sur son visage et s'est rendu à sa présentation. Il se sentait en contrôle et désireux de la faire.

Dans les deux exemples, Roxanne et Roger ont pris le temps de réfléchir à ce qu'ils pensaient et ressentaient. Roxanne et Roger ont reconnu qu'ils devaient faire quelque chose de différent pour que la situation fonctionne pour eux. Au lieu de continuer à ruminer son sentiment de ne pas être impliquée, Roxanne a décidé de s'impliquer. Roger a reconnu que son humeur ne l'aiderait pas, il a compris ce qui serait utile et il l'a fait. La décision de Roxanne de prendre la responsabilité de sa propre expérience et celle de Roger de gérer sa propre humeur a eu des résultats positifs. Nous pouvons suivre leur exemple.

Il peut être difficile de réaliser que vous avez le pouvoir de vous sortir de l'humeur sombre qui vous afflige. Parfois, vous pourriez avoir envie de vous vautrer dans votre misère en disant que vous avez été brimé et que vous avez le droit d'être négatif. Mais lorsque vous passez beaucoup de temps à blâmer les autres et à vous sentir victime, vous leur donnez le pouvoir de vous contrôler. **Hormis vos réactions émotionnelles initiales, vos émotions et attitudes sont sous votre contrôle. Prenez-les en charge et vous vous chargerez de vous-même.**

Voici votre défi en deux parties

La discussion ci-dessus a souligné le besoin de reconnaitre ce qui déclenche notre négativité et de gérer les moments difficiles à mesure qu'ils surviennent afin que nous puissions atteindre la maitrise sur nous-mêmes. En outre, selon l'auteur prolifique John Maxwell, nous devons réfléchir à nos habitudes et à nos comportements attitudinaux et émotionnels et y faire face.

Partie 1

Dans votre journal de bord, je vous invite à répertorier et « nettoyer » les habitudes qui peuvent bloquer votre progression dans l'échelle de maitrise. Comme proposé par John Maxwell, demandez-vous :

1. Quelles émotions négatives ai-je fréquemment et que j'ai de la difficulté à gérer? Par exemple, la peur, la frustration, la jalousie, la tristesse, le doute ou la colère. Il peut parfois être difficile d'identifier ses émotions. Si vous voulez un peu d'aide, vous pouvez chercher une liste d'émotions sur Internet. Je vous

propose celle du groupe Spiralis dont Valérie Lanctôt-Bédard est la directrice générale (allez au site spiralis.ca).

2. Quelles attitudes ou modes de pensée ont tendance à me causer des ennuis? Par exemple, craindre le pire, m'attendre à ce que les autres lisent dans mes pensées, me sentir incompétent, interpréter automatiquement ce que les autres disent comme une attaque.

3. Lesquels de mes comportements sont particulièrement inefficaces? Par exemple, être passif, ne pas dire ce que j'ai en tête, attendre jusqu'à la dernière minute, réagir précipitamment, critiquer et rudoyer.

Ensuite, identifiez des façons de penser utiles, comme :

1. Transformer les émotions négatives en émotions positives. Par exemple, identifier des pensées qui peuvent vous aider à vous sentir heureux, confiant, empathique et accueillant.

2. Contester et remplacer les attitudes négatives par des attitudes positives. Par exemple, des pensées telles que : Je peux le faire, je vais demander ce que je veux, je suis une personne compétente, j'apprends toujours à __ donc je peux demander de l'aide, je vais réfléchir mieux et demander des éclaircissements.

3. Remplacer les comportements inefficaces par des comportements positifs. Par exemple, des pensées qui vous encourageraient à : être proactif, dire ce que vous pensez, planifier votre travail, réfléchir avant de réagir, apprécier plutôt que critiquer.

À présent, vous devriez avoir trois listes de choses que vous pouvez vous dire qui vous donneront des émotions et des pensées positives et des comportements constructifs et vous rapprocheront du stade de la maitrise de soi. Recherchez des motivations dans vos listes et essayez d'identifier les quatre ou cinq choses qui activent le « bouton » de positivité pour vos émotions, vos pensées et vos comportements.

Maintenant, partagez vos réponses aux questions, vos listes et vos cinq derniers messages positifs avec votre équipe de feed-back. Demandez leur avis et modifiez votre travail comme bon vous semble. Développez un plan avec votre équipe de feed-back qui décrit comment ils vous soutiendront et vous encourageront à maintenir des attitudes et des émotions positives et à vous avertir si vous vous en écartez. Gardez une trace de vos efforts dans votre journal de bord.

Partie 2

Dans la partie 2, vous testerez l'efficacité de vos cinq messages positifs à vous aider à éprouver un sentiment de maitrise.

- Pendant au moins trois jours cette semaine, démontrez seulement des émotions et des attitudes positives.
- Évitez de parler de choses négatives, de papoter, d'écouter les cancans et d'avoir des attitudes négatives.
- Essayez de maitriser vos émotions afin qu'elles vous servent au lieu de vous nuire.
- Avant de réagir, arrêtez-vous et réfléchissez. Lâchez prise. Changez votre perspective. Accordez le bénéfice du doute.
- Lorsque des émotions négatives montent en vous (par exemple : la frustration, la colère, la tristesse, l'inquiétude, l'ennui, l'irritation), demandez-vous si cette émotion vous aide. Si elle ne vous aide pas, quelle autre émotion serait plus efficace et positive? Qu'est-ce que vous devez penser ou faire pour générer ces émotions?
- Faites la même chose avec vos attitudes ou pensées négatives. Si vous trouvez que c'est difficile, rappelez-vous les paroles de Charles Popplestown : « Vous ne pouvez pas toujours contrôler

113

les circonstances, mais vous pouvez contrôler vos propres pensées. »

Pendant ces trois journées, notez dans votre journal de bord toutes vos expériences et tentatives pour assurer la saine gestion de vos émotions et attitudes.

Réflexion

Répondez aux questions suivantes dans votre journal de bord.

1. Comment vous êtes-vous senti lors de cet exercice? Quelles étaient les actions les plus difficiles, et les plus faciles, à entreprendre?
2. Quelles étaient les réactions d'autrui lorsque vous adoptiez des émotions et des attitudes positives?
3. À la lumière de cet exercice, quelles conclusions ou grandes leçons pourriez-vous tirer par rapport à vous-même?

Plan d'action

Dans votre journal de bord, décrivez les trois actions précises que vous prendrez dorénavant afin (a) d'adopter des émotions et des attitudes positives et (b) d'inciter les autres à vous imiter. Indiquez les actions et les échéanciers spécifiques et comment vous évaluerez si vous avez terminé votre plan avec succès.

Matière à réflexion

- Développez une attitude positive et constructive. Cela vous mènera loin dans la vie puisque votre attitude vous donne de l'altitude. Les gens peuvent être embauchés parce qu'ils sont techniquement compétents, mais ils ont tendance à être renvoyés en raison de leurs attitudes. Pensez à ce que votre attitude dit de vous maintenant!

- Évitez les réactions impulsives. Respirez, calmez-vous et réfléchissez à la façon dont une personne mature gèrerait une situation.
- Comme l'a dit Wayne Dyer, « Si vous changez votre façon de voir les choses, les choses que vous regardez changeront... La façon dont les gens vous traitent est leur karma; la manière dont vous réagissez est le vôtre. » Nous pouvons essayer activement de créer les situations que nous désirons, et le matin nous pouvons décider quelle attitude et quelle humeur nous voulons avoir ce jour-là. Il s'agit de reconnaitre quand nos attitudes doivent être ajustées et nos humeurs gérées.
- Si vous vous ennuyez, réfléchissez à ce que vous pouvez faire pour vous sentir plein d'énergie et faites-le!

10

Comment prenez-vous vos décisions?

« Pensez avec votre tête, aimez avec votre cœur
et laissez votre intuition prendre les décisions. » — Jim Treliving

Voici votre défi en deux parties

Partie 1

Je vous invite à réfléchir à la dernière décision que vous avez prise;
une décision qui n'a pas été évidente ou pour laquelle plusieurs
options se présentaient. Dans votre journal de bord, décrivez :

1. Cette décision
2. Le processus que vous avez suivi pour prendre votre décision
3. Les personnes que vous avez consultées pour vous aider à
   prendre votre décision

4. Le rôle de l'intuition, des émotions et de vos valeurs dans votre prise de décision
5. Le résultat final
6. Si vous disiez que c'était une bonne décision. Pourquoi?
7. Ce que vous auriez fait différemment

PRENEZ LE TEMPS DE RÉPONDRE AUX QUESTIONS PRÉCÉDENTES AVANT DE LIRE PLUS LOIN.

En lisant les conseils suivants, gardez vos réponses aux questions précédentes à l'esprit. Demandez-vous quelles étapes vous avez sautées, le cas échéant, et si vous avez ajouté des étapes qui ne sont pas décrites ci-dessous.

On a beaucoup écrit sur le processus décisionnel rationnel. Ce processus suppose que les personnes collectent toutes les informations pouvant être pertinentes pour prendre une décision, puis prennent une décision optimale basée sur des considérations objectives.

En réalité, nous n'avons pas toujours le temps ou l'énergie pour rassembler et analyser toutes les informations pertinentes. La plupart du temps, nous faisons ce qu'on appelle *satisficing* — nous choisissons une solution qui est « assez bonne » basée sur les informations limitées que nous avons.

Aussi imparfaits que soient les processus décisionnels, nous pouvons néanmoins améliorer nos chances de prendre une bonne décision. Voici quelques étapes à suivre :

1. **Se demander : « Est-ce important? »** Avant de s'attaquer ou non à un problème donné, il peut être utile de se poser les questions qui suivent. (1) Le problème est-il vraiment important? (2) Le problème peut-il se résoudre par lui-même? (3) Est-ce à moi de prendre une décision? (4) Le temps consacré à la résolution du problème fera-t-il une différence? Si la réponse est non à l'une ou l'autre de ces questions, alors vous ne devriez probablement pas prendre de décision.

2. **Réfléchir. Ne prenez pas de décisions quand vous êtes stressé, pressé ou émotif.** Prenez le temps d'être dans de bonnes dispositions d'esprit pour y voir plus clair. Ce qui est vrai pour vous est également vrai pour les autres : n'exigez pas de prises de décision rapides. Donnez-leur le temps de réfléchir. N'imposez pas vos attentes et préférences. Faites confiance à leur libre arbitre.

3. **Recueillir les faits.** Faites votre enquêteur en **rassemblant autant d'informations que possible**. Évaluez vos observations et les faits de la situation d'une façon impersonnelle. Faites une distinction entre les faits et votre interprétation des faits pour avoir une vision plus juste de la réalité.

4. **Consulter autrui**. En sollicitant une autre perspective, ceci peut vous aider à adopter un point de vue plus objectif de la situation.

5. **Séparer les causes des symptômes.** Demandez-vous « pourquoi » cinq fois pour découvrir les causes profondes d'un problème. Cette méthode développée par Taiichi Ohno vous donnera une meilleure idée de l'origine des problèmes et, par conséquent, des solutions possibles. Par exemple, si vous réalisez que vous n'avez pas la motivation requise pour faire vos tâches, demandez-vous pourquoi. La réponse sera peut-être « ça ne me tente pas ». Alors, redemandez-vous pourquoi. Vous direz peut-être, « je ne sais pas comment m'y prendre ». Au cinquième pourquoi, peut-être réaliserez-vous que vous ne pensez pas avoir les compétences requises pour mener à bien ce projet. Vous saurez ainsi sur quelle cause vous devrez travailler afin de régler le problème.

6. **Utiliser votre intuition.** Les étapes précédentes vous demandaient d'approfondir les détails du problème et ses causes sous-jacentes. Dans cette étape, vous devez adopter une vision plus large du problème et essayer de voir s'il existe des

tendances. Quel est le portrait d'ensemble? Que se passe-t-il vraiment ici? Qu'est-ce que votre instinct vous dit? Avant de rechercher des solutions, assurez-vous d'avoir défini le problème avec précision. Pour prendre du recul et pour vous faire une idée générale de la situation, fiez-vous à ce que vous ressentez. Peut-être que la réponse se trouve en vous.

7. **Identifier et évaluer plusieurs alternatives.** Identifiez vos critères en d'autres termes, décidez comment vous allez évaluer les alternatives. Par exemple, quand Roger a dû décider quel vélo acheter, un de ses critères fut qu'il devrait être capable de le porter jusqu'à son appartement situé au deuxième étage. Vous pouvez également pondérer les critères afin que les plus importants aient plus d'influence sur votre choix. Lors de l'identification des alternatives, soyez créatif et faites un remue-méninge. Cela vous permettra d'identifier des options que vous n'aviez peut-être pas envisagées auparavant. Rappelez-vous que maintenir le statuquo — « ne rien faire » — peut être une option valable. En comparant plusieurs options entre elles, vous pourrez voir celles qui se distinguent des autres et qui semblent avoir le plus de potentiel à long terme.

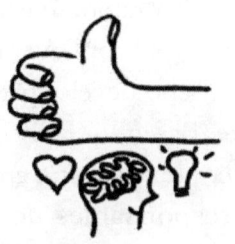

8. **Prendre la décision de manière analytique.** Ne succombez pas à la tentation de vous fier uniquement à vos émotions. Utilisez une approche méthodique et réfléchie basée sur les faits. Ce n'est qu'après avoir trouvé une solution logique que vous devriez consulter vos émotions pour voir à quel point vous vous sentez à l'aise avec votre solution. Est-ce que ça va? Quel impact cela pourrait-il avoir sur les gens?

9. **Vérifier la qualité de la décision en fonction de six critères : les droits, la justice, la compassion, l'exemple, l'opinion publique et la paix.** Est-ce que la décision respecte les droits

et les devoirs de toutes les parties intéressées? Est-ce que la décision est en accord avec les critères de justice? Est-ce que la décision est en accord avec votre devoir de vous soucier d'autrui? Que ferait votre ami s'il se trouvait dans la même situation que vous? Comment agirait la personne qui, d'après vous, possède les standards moraux les plus stricts et le meilleur jugement dans cette situation? Comment vous sentiriez-vous si votre famille avait vent de votre décision? Comment vous sentiriez-vous si votre décision était diffusée sur les réseaux sociaux? Si vous preniez cette décision, pourriez-vous dormir sur vos deux oreilles?

10. **Une fois la décision prise, il faut l'évaluer**. Demandez-vous s'il s'agissait d'une bonne décision et ce que vous devriez faire différemment la prochaine fois.

Ce processus en dix étapes est particulièrement utile lorsque vous avez une décision complexe à prendre et beaucoup de temps pour recueillir des informations et réfléchir.

Partie 2

Dans la partie 2, je présente un moyen rapide d'évaluer et de faire des choix efficaces, puis je vous invite à l'appliquer à vous-même. Cette méthode découle d'une approche développée par le Dr William Glasser, la thérapie de la réalité. Basée sur la théorie des choix et appliquée à un vaste éventail de contextes, cette approche est fondée sur l'idée que **les gens sont responsables des choix qu'ils font et que leurs choix représentent leurs meilleures tentatives de satisfaire à leurs besoins.**

Selon le Dr Glasser, au-delà des besoins de survie, tous les êtres humains ont quatre besoins qui doivent être satisfaits dans toute situation : l'amour et un sentiment d'appartenance (le besoin le plus important), le pouvoir (le contrôle et la réalisation), la liberté (l'autonomie) et le plaisir. Parfois, les décisions que nous prenons parviennent à combler ces besoins, mais pas tout le temps. Il y a souvent un compromis à faire entre le pouvoir et l'amour, par exemple : si nous essayons d'exercer un pouvoir sur quelqu'un, nous risquons d'endommager la relation.

Selon le Dr Glasser, nos relations ainsi que les activités les plus importantes dans notre vie devraient répondre à nos besoins dans les quatre domaines. Donc, si le diagramme de droite était une tarte, cela signifie que Roxanne devrait avoir quatre tranches de tailles relativement proportionnelles par rapport à, par exemple, son travail.

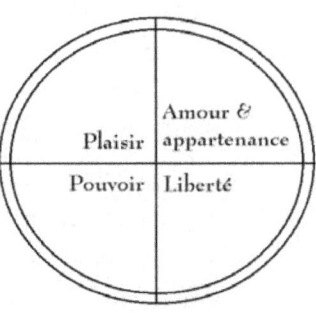

Parfois, nous choisissons des moyens efficaces de satisfaire ces besoins, et parfois nous ne le faisons pas. Les employés formidables évaluent les choix qui s'offrent à eux et trouvent un moyen de répondre à leurs besoins de manière positive et constructive. Plus que cela, ils encouragent également les autres à faire de même.

Un principe fondamental peut être identifié : **la seule personne que vous pouvez contrôler, c'est vous-même; vous êtes la seule personne que vous pouvez changer.** Cela signifie que se plaindre, critiquer, blâmer les autres et se poser en victime sont des comportements inefficaces. Ils vous retiennent prisonniers du passé et ne vous mèneront nulle part. Au lieu de cela, les employés formidables devraient se concentrer sur leurs propres choix. Les disciples du Dr William Glasser disent : « Si nous choisissons tout ce que nous faisons, nous devons être responsables de ce que nous choisissons. »

Donc, au lieu de ressasser le passé, le Dr Glasser suggère que nous regardions vers l'avenir pour faire de meilleurs choix et que nous aidions les autres à faire de même. Voici quatre questions

121

qui sont au cœur de ce processus :

1. La première question pour résoudre les problèmes et apporter des changements est de **clarifier ce que vous voulez vraiment**. Cette étape est plus difficile que vous pourriez le penser. Comme le Dr Glasser le soutient, **la plupart des gens savent ce qu'ils ne veulent pas plutôt que ce qu'ils veulent!** Par exemple, Roger sait qu'il ne veut pas être dans une situation conflictuelle, mais il n'a pas clarifié ce qu'il veut précisément. Qu'entend Roger par « situation non conflictuelle »? Veut-il avoir des relations amicales, cordiales, harmonieuses, ou tout simplement respectueuses? Il est donc primordial de bien cibler vos désirs réels dans le but de les réaliser.

2. La deuxième question est, en un sens, **un examen de ce que vous faites, ressentez et pensez**. Il s'agit de vous questionner afin d'obtenir votre perspective sur la situation et l'interprétation que vous en faites. Par exemple, il se peut que Roger évite les conflits, en parle à autrui ou participe à leur aggravation. Cette question vous permet d'avoir une vue réaliste de vos actions, pensées et sentiments actuels. Ainsi, alors que la première question vous amène à définir ce que vous voulez, celle-ci porte surtout sur les comportements et les pensées que vous adoptez.

3. La prochaine question est cruciale : elle est au cœur du processus! C'est là que vous vous **demandez si ce que vous faites, pensez et ressentez vous aide à obtenir ce que vous voulez**. En d'autres termes, est-ce que vos façons de faire fonctionnent bien pour vous? Lorsque le Dr Glasser (ou d'autres qui pratiquent la thérapie de la réalité) travaille avec les gens, il s'assure que ceux-ci répondent eux-mêmes à cette question en guise d'autoévaluation. Le processus fonctionne uniquement lorsque les gens qui ont un problème répondent à la question par eux-mêmes. Sinon, ils auraient l'impression

d'être jugés. Répondre soi-même à cette question permet ainsi de prendre conscience de la situation et de passer à l'action.

4. La quatrième et dernière question consiste à vous demander si **vous voulez faire un plan pour obtenir ce que vous voulez**. Habituellement, les gens souhaitent faire quelque chose pour se rapprocher de ce dont ils ont besoin, même si ce ne sont que de très petits pas. Fixez-vous de petits objectifs et, peu à peu, vous vous rapprocherez de ce que vous voulez.

Voici quelques conseils supplémentaires :

- **Mettez l'accent sur le présent plutôt que sur le passé.** Le passé ne peut pas être changé, mais vous pouvez améliorer votre avenir si vous modifiez votre comportement à cet instant précis.
- **Évitez de vous blâmer et de vous plaindre.** Ceci ne vous aide pas à vous rapprocher de ce que vous voulez.
- **Concentrez-vous sur ce que vous pouvez changer** : vos actions et vos pensées.
- **Rappelez-vous que les excuses – aussi légitimes soient-elles — ne vous aident pas à établir des relations harmonieuses.**
- **Développez des plans simples, précis et réalistes.** Aller lentement dans la direction voulue est préférable aux plans grandioses, mais irréalistes.
- **Si vos plans ne fonctionnent pas, actualisez-les en les simplifiant.**
- **Soyez patient et faites preuve de persévérance.**

Cette deuxième partie de l'exercice vous donne l'occasion de mettre ceci en pratique. Pendant toute la semaine, chaque fois que vous sentirez que vous avez un choix à faire ou une pensée/sentiment/comportement à changer, posez-vous les quatre questions qui viennent d'être présentées. Par exemple, Roger souhaitait apprendre autant que possible pendant le séminaire de gestion, mais il ne s'y est pas préparé, a passé son temps à consulter son cellulaire ou à plaisanter et a pris une très longue pause-café. Quand il s'est demandé si ce qu'il faisait l'aidait à atteindre son but, il s'est rendu compte qu'il s'auto-sabotait. Il a décidé de prendre la responsabilité de son apprentissage en se préparant mieux, en participant plus activement et en étant pleinement présent. Gardez une trace de vos efforts et vos résultats dans votre journal de bord.

Réflexion

Répondez aux questions suivantes dans votre journal de bord :

1. Dans la partie 1, avez-vous pu constater des différences entre votre propre processus décisionnel et le processus en dix étapes décrit ci-dessus? Quelles étapes avez-vous omises? Quels autres procédés, le cas échéant, avez-vous suivis pour prendre votre décision?

2. En ce qui concerne la partie 2, quel a été le défi de cet exercice? Dans quelles situations vous êtes-vous posé les quatre questions? Comment ce questionnement a-t-il influencé les choix que vous avez ultimement faits?

3. Qu'avez-vous appris sur vous-même dans cet exercice?

Plan d'action

Dans votre journal de bord, décrivez les trois actions précises que vous prendrez dorénavant afin de (a) améliorer votre processus de prise de décision et (b) faire des choix qui vous aident à répondre à vos besoins de manière positive. Indiquez les actions et les échéanciers spécifiques et comment vous évaluerez si vous avez terminé votre plan avec succès.

Matière à réflexion

- Obtenez davantage de ce que vous voulez dans la vie en considérant si ce que vous faites, ce que vous pensez et ce que vous ressentez sont des obstacles sur votre chemin. Soyez prêt à faire de petits pas pour atteindre vos objectifs.

- Réfléchissez à la façon dont vous prenez vos décisions. Faites de l'intégrité, de l'honnêteté, de la générosité, de la patience et de la justice vos cartes de visite.

- « La meilleure façon de ne pas se sentir désespéré est de se lever et de faire quelque chose. N'attendez pas que de bonnes choses vous arrivent. Si vous sortez et faites de bonnes choses, vous remplirez le monde d'espoir, vous vous remplirez d'espoir. » — Barack Obama

- « L'être humain est responsable de ses comportements, pas la société, son hérédité ou bien son vécu … L'être humain peut changer et poursuivre une vie plus satisfaisante. » — William Glasser

- « Les gens qui veulent du lait ne devraient pas s'assoir sur un tabouret au milieu d'un champ dans l'espoir qu'une vache les aide. » — Elbert Hubbard

- Dans leur livre *For your Improvement*, Michael Lombardo et Robert Eichinger proposent quelques conseils pour prendre des décisions de qualité dont deux se prêtent merveilleusement à la thérapie de la réalité. Premièrement, analysez bien la nature des choix qui s'offrent à vous, la situation et l'impact que pourrait avoir votre décision. Répertoriez les causes du problème que vous rencontrez afin d'entrevoir les différentes solutions possibles. Ceci vous permettra de faire un constat réaliste de la situation, ce qui vous permettra du même coup d'avoir des attentes appropriées à propos de votre projet d'amélioration. Deuxièmement, prenez donc votre temps! Si certaines décisions doivent être prises rapidement, d'autres peuvent très bien être songées et réfléchies plus longuement. Recueillez les informations nécessaires pour la prise de décision, demandez-vous ce que vous désirez vraiment et laissez évacuer la pression de décider immédiatement. Accordez-vous du temps pour y penser à tête reposée et envisager plusieurs scénarios. Une fois que vous êtes certain de ce que vous voulez et que vous savez pourquoi vous le voulez, tout devient plus simple. Après tout, comment est-ce possible de chercher quelque chose qui vous est inconnu?

11

Êtes-vous en mesure de gérer vos courriels avant qu'ils ne vous gèrent?

« Personne ne s'est jamais enrichi en vérifiant son courriel plus souvent. » — Noah Kagan

« Fermez votre courriel; éteignez votre téléphone; débranchez-vous d'Internet; trouvez un moyen de définir des limites afin que vous puissiez vous concentrer quand vous le souhaitez et vous libérer lorsque vous le souhaitez. La technologie est un bon serviteur, mais un mauvais maitre. » — Gretchen Rubin

« Pourriez-vous passer une semaine, ou même une journée, sans lire vos courriels, utiliser les médias sociaux ou être en ligne? Quelqu'un a récemment plaisanté avec moi sur le fait qu'accéder à

Internet est plus important que d'avoir de la nourriture ou de l'eau. » — Nigel Cumberland

Commencez-vous votre journée en lisant vos courriels et en y répondant? Bien sûr, dans l'optique d'être rapide et efficace, il peut être tentant de répondre aux courriels dès qu'ils arrivent, et ce, indépendamment de leur importance

réelle. **Vous pouvez gaspiller une journée entière à répondre à des courriels si vous n'y portez pas attention.** Il est donc primordial de gérer vos courriels avant que ce ne soit eux qui vous gèrent!

Consulter vos courriels sans arrêt vous distrait de votre travail. Ainsi, vous devez essayer de comprendre à quel point c'est un problème pour vous. Est-il difficile pour vous de profiter d'une soirée sociale sans accéder à vos courriels ou aux boites de messagerie de vos réseaux sociaux? Vous attendez-vous à ce que les autres soient à votre entière disposition et répondent immédiatement à vos messages?

Par exemple, Roxanne avait l'habitude de vérifier et répondre à ses courriels instantanément — dès qu'elle entendait l'alerte (« bing ») l'avisant qu'elle avait reçu un courriel. Répondre rapidement aux courriels reçus créait l'attente qu'elle fût toujours disponible pour quiconque lui écrivait, surtout si elle répondait en soirée ou en fin de semaine. Ses soirées et fins de semaine pouvaient facilement être employées à répondre à des courriels de travail non urgents. Au travail, ce « bing » interrompait fréquemment sa concentration. Sans compter qu'elle n'accomplissait pas beaucoup de travail en étant occupée à constamment vérifier sa boite de réception. Le fait de continuellement vérifier ses courriels la distrayait de son travail et à la fin de la journée, elle se rendait compte qu'elle n'avait pas vu la journée passer. En un mot : gérer vos courriels avant qu'ils ne vous gèrent!

Voici quelques pratiques qui pourraient vous aider à mettre le courrier électronique au service de vos priorités (et non l'inverse) :

1. **Restez concentré sur vos priorités.** Commencez-vous votre journée en lisant et en répondant à vos courriels? Si c'est le cas, vous accordez la priorité à l'ordre du jour de quelqu'un d'autre plutôt que de concentrer votre énergie sur ce qui est le plus important pour vous. Une bonne habitude serait de commencer votre journée en regardant d'abord votre emploi du temps et votre liste de choses à accomplir pour la journée. Ce sont VOS priorités. Assurez-vous de réserver des blocs de temps spécifiques pour travailler sur celles-ci. Parfois, les gens ne fixent que des rendez-vous ou des échéances à leur ordre du jour, mais il est important de définir des plages de temps pour vos priorités. Psychologiquement, cela vous rappelle où se trouvent vos priorités et vous empêche de gaspiller votre temps à d'autres choses, vous éloignant ainsi de vos priorités. Cela vous permet en outre de réaliser, par exemple si quelqu'un vous demande si vous êtes disponible dans l'après-midi, que votre après-midi est « réservé » — vous serez dédiés à votre travail prioritaire.

2. **Consultez vos courriels uniquement lors de plages horaires réservées à cet effet.** Quand et comment devriez-vous gérer vos courriels? Trouvez un système qui fonctionne pour vous. Idéalement, vous devriez réserver plusieurs plages horaires tout au long de la journée afin de pouvoir lire et traiter vos courriels en lots. Par exemple, Roxanne consulte ses courriels seulement quatre fois par jour, 30 minutes ou moins à chaque fois. Elle le fait une première fois une heure ou deux après qu'elle ait commencé à travailler, et ensuite environ toutes

les deux heures. À l'exception de ces « périodes de courriel », elle garde son logiciel de messagerie fermé afin de ne pas être tentée de le consulter plus souvent. Pour éliminer les distractions, Roxanne a également désactivé les alertes ou notifications lui indiquant qu'un courriel a été reçu. Pendant ses « périodes réservées », elle envoie des courriels, répond sur-le-champ à ceux qui peuvent être traités en cinq minutes ou moins, et note sur sa liste de choses à faire toutes les tâches importantes découlant des courriels reçus, lesquelles prendront plus de temps; elle détermine leur niveau de priorité et les intègre à son agenda. Cela permet à Roxanne d'augmenter sa concentration, sa productivité et son sentiment d'accomplissement.

3. **Gardez une boite de réception vide (ou presque vide).** Quelle est la taille de votre boite de réception? À un moment donné, Roxanne avait des centaines de courriels dans sa boite de réception. C'était envahissant et chaotique, et elle ne pouvait pas se défaire de la désagréable impression que le travail s'accumulait. Lorsque Roxanne a décidé de faire un grand nettoyage et de transférer tous ses courriels dans un sous-dossier d'archives, cela lui a procuré un immense sentiment de soulagement. C'était comme si on l'avait soulagé d'un énorme poids sur ses épaules. Maintenant, quand un nouveau courriel arrive, elle y donne suite (y répond, l'ajoute à une liste de choses à faire ou le lit, tout simplement) puis le supprime.

4. **Utilisez le courrier électronique lorsque le message que vous voulez passer est routinier et simple.** Vous devriez utiliser le courriel quand le message que vous voulez communiquer est routinier et simple. Privilégiez une rencontre en personne avec le destinataire lorsque votre message est non routinier, ambigu et complexe, ou lorsqu'il nécessite des commentaires et des discussions immédiates.

5. **Répondez dans un délai raisonnable.** En cette ère de communications rapides, certaines personnes peuvent s'attendre à ce que vous répondiez instantanément à leurs courriels. Ils peuvent même (impoliment) envoyer un courriel de suivi dans l'heure qui suit l'envoi de leur courriel d'origine, en demandant si vous l'avez reçu (puisqu'ils n'ont pas reçu de réponse). Cependant, VOUS êtes maitre de votre messagerie et vous pouvez dicter votre vitesse de réponse. Bien que les attentes varient, répondre à un courriel dans les 24 heures (sauf les fins de semaine et le soir) est généralement considéré comme raisonnable.

6. **Rappelez-vous que « les paroles s'envolent, mais les écrits restent »!** N'utilisez pas le courrier électronique pour discuter de quelque chose que vous ne voudriez pas voir sur un tableau d'affichage public ou sur les réseaux sociaux, ou de tous ce qui pourrait entacher votre image ou celle de votre employeur. Rappelez-vous que : (a) des accidents se produisent; (b) les courriels acquièrent une « vie » qui leur est propre dès qu'ils sont envoyés; (c) les courriels sont stockés quelque part, même si vous les supprimez; (d) les courriels peuvent être surveillés; et (e) les courriels peuvent être utilisés dans des procédures judiciaires. Imaginez le préjudice et l'embarras si vos courriels inappropriés étaient partagés bien malgré vous.

7. **Soyez poli.** Soyez conscient de la façon dont vous composez votre message. S'il est bref ou direct, vous envoyez le message suivant : « Je suis le patron. » S'il est très respectueux, vous envoyez le message suivant : « Vous êtes le patron. » S'il est axé sur la solidarité, vous envoyez le message suivant : « Soyons copains. » Demandez-vous : comment communiqueriez-vous ce message si vous parliez à la personne en face à face? Soyez conscient de la façon dont votre courriel pourrait être interprété par le destinataire. Un message bref peut facilement être

interprété à tort comme étant abrupt et impoli. Un message trop superficiel peut sembler non professionnel. En retour, **donnez aux autres le bénéfice du doute** au moment d'interpréter le ton de leurs courriels. Votre interprétation ne reflète pas nécessairement leurs intentions. Assurez-vous de vérifier votre compréhension de ce qu'ils ont écrit.

8. **Pensez-y deux fois avant d'envoyer un courriel (et relisez-vous!)**. Demandez-vous, « est-ce la meilleure façon de traiter cette question ou ce sujet? » Indiquez un « objet » clair dans le courriel. Vérifiez la grammaire. Vérifiez le ton utilisé. N'envoyez pas d'informations confidentielles. N'envoyez pas de messages hostiles ou insultants. N'abusez pas des émoticônes et/ou du jargon électronique. N'utilisez pas abusivement des majuscules puisque vous donnerez l'impression de CRIER.

Voici votre défi

Je vous invite à adopter les règles suivantes en ce qui concerne vos courriels tout au long de la semaine et déterminer si elles vous aident :

1. Ne laissez pas vos courriels dicter la façon dont vous organisez votre journée. Commencez par vos propres priorités et réservez des moments précis pour vérifier vos courriels (par exemple, une fois toutes les deux heures).

2. Lorsque vous vérifiez vos courriels, suivez la règle des cinq minutes : si vous pouvez répondre à un courriel dans un délai de cinq minutes, faites-le!

3. Soyez poli. Il n'y a pas de place pour l'agressivité dans vos courriels... Si vous exigez que quelqu'un fasse quelque chose pour vous (en lui donnant des ordres), votre courriel ne sera peut-être pas bien reçu. On attrape plus de mouches avec du miel qu'avec du vinaigre!

4. N'envoyez jamais un courriel lorsque vous êtes en colère ou lorsque vous êtes sur le coup de l'émotion. Vous pourriez le regretter!

5. N'écrivez pas dans un courriel ce que vous ne voudriez pas voir diffusé publiquement. Vos courriels sont des enregistrements de ce que vous dites. Vous pourriez envoyer un courriel en pensant qu'il restera confidentiel, mais ce ne sera pas nécessairement le cas.

Gardez une trace de vos efforts et vos résultats dans votre journal de bord.

Réflexion

Répondez aux questions suivantes dans votre journal de bord.

1. Quelles étaient les actions les plus difficiles, et les plus faciles, à entreprendre?

2. Quels conseils vous ont le plus aidé à reprendre le contrôle de votre boite de réception?

3. En répondant moins rapidement à vos courriels, avez-vous eu des commentaires de la part de vos correspondants?

4. Quels ont été les avantages à planifier des blocs de temps dédié pour traiter vos courriels?

5. Y a-t-il d'autres pratiques que vous avez adoptées pour vous aider à utiliser efficacement le courrier électronique?

6. Quelles leçons avez-vous apprises en faisant cet exercice?

Plan d'action

Dans votre journal de bord, décrivez les trois actions précises que vous prendrez dorénavant afin de bien gérer vos courriels. Indiquez les actions et les échéanciers spécifiques et comment vous évaluerez si vous avez terminé votre plan avec succès.

12

Êtes-vous un hamster qui tourne dans une roue sans fin?

« La plupart d'entre nous disent oui à trop de choses, et alors nous laissons ces petites choses médiocres remplir nos vies. »
— Derek Sivers

« J'essaie de vivre une journée à la fois, mais parfois, plusieurs journées m'attaquent en même temps. Je pourrais faire de grandes choses, si je n'étais pas si occupée à faire de petites choses. »
— Ashley Brilliant

« La sagesse de la vie consiste à éliminer le superflu. »
— Lin Yutang

« Demain sera pareil comme aujourd'hui, sauf si vous faites quelque chose à ce sujet maintenant. Pouvez-vous vous permettre de ne pas le faire? » — Inconnu

Gaspillez-vous votre temps ou bien est-ce que vous l'investissez? Vous l'avez peut-être déjà entendu : tout le monde a les mêmes 168 heures par semaine. Il y a 60 minutes dans une heure, peu importe ce que nous en faisons. **Il n'y a rien que nous puissions faire pour gérer le temps; la façon dont nous utilisons notre temps est la seule chose sur laquelle nous avons vraiment le contrôle.** Le problème n'est pas de ne pas avoir assez de temps; le défi consiste plutôt à être capable de gérer le temps dont nous disposons. À tout moment, consciemment ou inconsciemment, nous faisons des choix sur la façon d'investir ce temps. Ou de le gaspiller.

Quand nous perdons notre temps, nous nous sentons comme un hamster dans une roue. La vie de tous les jours devient un cycle sans fin d'activités qui ne semblent nous mener nulle part. Certaines per-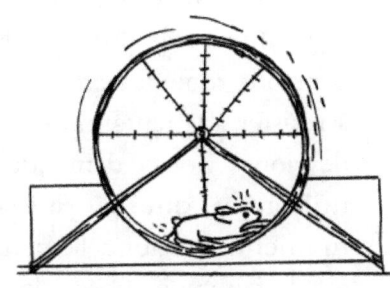sonnes abattent beaucoup de travail tandis que d'autres doivent composer avec une charge de travail plus légère. Il y a six causes fondamentales qui nous empêchent d'investir notre temps et de quitter la roue du hamster :

1. **Nous ne réalisons pas que nous courons dans une roue de hamster.** Nos habitudes sont confortables et nous ne sommes tout simplement pas conscients qu'il existe des alternatives. Les jours, les semaines et les mois passent et rien n'a beaucoup changé. Nous sommes occupés, mais nous n'avançons pas dans

la vie. Dans son livre Tools of Titans, Tim Ferriss ne mâche pas ses mots sur ce que signifie être occupé. Il dit que « Occupé = hors de contrôle. Le manque de temps est un manque de priorités. Si je suis "occupé", c'est parce que j'ai fait des choix qui m'ont mis dans cette position... Si je suis trop occupé, c'est un signe qu'il me faut réexaminer mes systèmes et mes règles. Être occupé est une forme de paresse — la pensée paresseuse et l'action indiscriminée. Être occupé est utilisé la plupart du temps comme excuse pour éviter les quelques actions importantes, mais inconfortable. »

2. **Nous manquons de concentration et sommes facilement distraits.** Nous sommes poussés à la distraction et notre attention est détournée de choses plus importantes. Il est facile de rationaliser notre temps avec la télévision, les recherches sur Internet, les médias sociaux, les jeux vidéo, les textos et autres sources de divertissement et de gratification instantanée. Les distractions engourdissent la conscience que nous avons d'être dans une roue de hamster. Lorsque nous avons de la difficulté à résister à la tentation et à adopter une vue d'ensemble, nous devrions nous demander : **« Quelle est la meilleure utilisation que je puisse faire de mon temps en ce moment? »** Habituellement, le meilleur usage de votre temps est de faire une chose à la fois et de poursuivre jusqu'à ce que ce soit terminé. En essayant de faire plusieurs choses à la fois, notre attention est trop faible, nous perdons notre concentration et rien ne se passe bien, ou alors nous laissons un tas de projets inachevés. Se concentrer sur une chose à la fois nous permet d'utiliser notre temps plus efficacement. Selon Piers Steel, un expert en procrastination à l'Université de Calgary, **un moyen efficace de contrer les tentations consiste à les rendre inaccessibles ou difficiles à utiliser** (par exemple, débrancher ou vendre la télévision ou ne pas avoir

Internet à la maison). En outre, vous pouvez répondre à certains de vos besoins avant qu'ils ne deviennent trop criants; par exemple, **prendre dix minutes pour s'amuser avant de commencer à travailler**. Enfin, il suggère de mettre en place des mesures qui rendront les tentations désagréables; par exemple, il pourrait s'agir de donner un certain montant d'argent à un ami si vous ne parvenez pas à respecter un délai particulier.

3. **Nous pensons que courir dans une roue de hamster est une bonne chose; après tout, « tout le monde le fait ».** Nous avons tendance à confondre activités et résultats. Être occupé ne signifie pas nécessairement que nous accomplissons ce que nous devrions accomplir. Il y a une différence entre être efficient et être efficace. L'efficience signifie bien faire les choses, l'efficacité signifie bien faire les bonnes choses. Plusieurs d'entre nous passent beaucoup de temps à réaliser des activités que nous avons très peu planifiées. Pourtant, l'un des principes de la gestion du temps est que, en moyenne, **chaque heure investie dans la planification d'une activité permet d'économiser environ trois à quatre heures dans l'exercice de cette activité.** Ainsi, pour chaque minute que vous consacrez à la planification ou à la réflexion à propos de ce que vous ferez, vous économiserez environ trois à quatre minutes dans l'exécution de votre plan, généralement avec de meilleurs résultats. Un autre principe de gestion du temps est la loi 80/20 de Pareto. Pareto était un économiste italien du 19e siècle qui a noté que 80 % de la richesse dans son pays était détenue par 20 % de la population. Il a également noté que, dans presque tous les efforts humains, **80 % des résultats effectifs résultent de 20 % des efforts** et, inversement, environ 80 % des efforts produisent 20 % des résultats. Ceux qui sont capables d'identifier et de planifier des activités dans leur « fourchette

d'efficacité » de 20 % sont généralement les meilleurs gestionnaires de temps. L'idée derrière la gestion efficace du temps est de « travailler mieux, pas plus ».

4. **Nos plus grandes priorités peuvent nous paraitre accablantes, trop écrasantes pour les commencer dès maintenant.** Nous disons que nous nous en occuperons, mais nous les retardons sans cesse et ne les commençons jamais. La routine de courir sur la roue peut sembler plus facile que le pas de géant qu'implique la poursuite de nos plus grandes priorités. Les grandes priorités sont mieux abordées une bouchée à la fois. Si vous éprouvez des difficultés à vous lancer dans une tâche importante, découpez-la en petites tâches gérables, chacune pouvant être réalisée en un temps limité. Cela vous aide à créer une dynamique positive.

5. **Nous attendons jusqu'à ce que nous nous sentions motivés pour commencer un projet, sans réaliser que la motivation est quelque chose qui se produit habituellement après que nous ayons commencé le projet.** L'appétit vient en mangeant, comme le dit le dicton. Nous attendons le moment idéal, les circonstances et l'inspiration pour nous lancer, ne réalisant pas que cela n'existe pas. Cette indécision ou manque d'action est en soi une décision : celle de ne pas décider, c'est-à-dire procrastiner. Beaucoup de gens passent plus de temps à remettre les choses à plus tard et à se sentir anxieux à l'idée d'accomplir leurs tâches, qu'ils ne passent à réellement faire le travail qui doit être fait. **Pour contrer la procrastination, utilisez la méthode du bilan.** Sur le côté gauche d'une feuille de papier, faites une liste de toutes les raisons qui font que vous tergiversez sur un projet particulier. Du côté droit, énumérez tous les avantages à aller de l'avant et faire le travail. L'effet est frappant. Sur le côté gauche, vous aurez généralement seulement une ou deux excuses, comme

« cela pourrait impliquer une conversation embarrassante » ou « j'attends les conditions parfaites ». Sur le côté droit, vous pouvez trouver une longue liste d'avantages, y compris le sentiment de soulagement qui vient avec le fait de mettre derrière soi une tâche nécessaire, mais parfois désagréable.

6. **Nous ne commençons tout simplement jamais.** Comme le dit Jeremy Statton dans son blogue, la formule secrète pour atteindre nos buts est la suivante : démarrer, faire un premier pas dans la direction souhaitée, passer à la prochaine étape, répéter, surmonter les obstacles, embuches et contraintes puis terminer. En réalité, comme il l'affirme lui-même, il ne s'agit pas vraiment d'une formule secrète; tout le monde sait que, **pour terminer un projet, vous devez d'abord le démarrer puis continuer à y travailler.** Il faut du temps et des efforts (que nous pourrions plutôt utiliser pour quelque chose de gratifiant à plus court terme) et il est parfois difficile de voir les avantages rattachés à nos actions. Mais c'est le seul chemin vers le succès. Jeremy Statton mentionne que **si nous n'atteignons pas nos objectifs, c'est parce que nous ne réussissons pas à entreprendre la première étape** – ni les étapes subséquentes. Nous voulons voir un résultat immédiatement et tout le travail qui est nécessaire pour y arriver peut sembler intimidant. Mais la seule façon d'atteindre un but est de persister en développant de nouvelles habitudes qui aident à l'atteindre. Voici deux principes qui vous aideront à saisir l'importance de prendre des décisions cohérentes avec vos buts : (a) le focus (vous concentrer sur votre but) vous rapproche de votre vision; (b) la peur est une mauvaise source de motivation et, par conséquent, une très mauvaise conseillère.

Vous reconnaissez-vous dans l'une de ces causes de perte de temps? Les solutions proposées dans la discussion ci-dessus peuvent vous aider à « investir » votre temps, c'est-à-dire à utiliser votre temps à bon escient. Mais que font les investisseurs du temps et qu'est-ce qui les distingue des gaspilleurs de temps? Si vous êtes un investisseur de temps, vous :

1. **Avez conscience de votre but et des moyens à prendre pour y parvenir, et tout particulièrement des efforts qui sont requis.** Vous vous êtes fixé des objectifs significatifs. Il pourrait être utile d'**utiliser la technique du centenaire pour développer des objectifs à long terme**. Imaginez qu'un reporter vous interviewe pour votre 100e anniversaire. Le journaliste vous demande de nommer les réalisations dont vous êtes le plus fier. Visualisez le résultat final comme si cela s'était déjà produit et répondez à cette question aussi précisément que possible. En fonction de vos objectifs pour le centenaire, identifiez les objectifs intermédiaires (par exemple, les cibles pour cinq ou dix ans) et les objectifs à court terme pour les six mois ou l'année à venir. Identifiez des actions et établissez des délais pour les entreprendre.

2. **Identifiez vos principales priorités chaque jour.** C'est ce qui doit être fait pour que vous vous sentiez heureux de votre journée. Ne mettez rien d'autre en premier. Apprenez à faire la distinction entre ce qui doit être fait, ce qui pourrait être fait et ce que vous aimeriez faire. Déterminez à quel moment vous faites votre meilleur travail et planifiez vos priorités pendant ces périodes de temps. Tim Ferriss dit que nous devrions prendre les trois choses que nous voulons le moins faire, celles que nous voudrions repousser pour quelque raison que ce soit, et nous demander : « Si c'était les seules choses que j'aurais accomplies aujourd'hui, serais-je satisfait de ma journée? Si la réponse est oui, alors il suggère que nous bloquions une période d'environ trois heures sur notre calendrier pour les faire, à l'écart de toute distraction.

3. **Faites de votre agenda votre ami.** Les personnes les plus occupées sont capables de trouver du temps pour ce qu'elles veulent faire, non parce qu'elles ont plus de temps que les autres, mais parce qu'elles réfléchissent en termes de « temps », en faisant attention à leur emploi du temps. Elles ne planifient pas seulement des évènements — réunions, rendez-vous et dates butoirs — elles planifient également le temps de réflexion, un bloc de temps pour les tâches importantes et une heure par jour de temps « non-engagé ». Selon Tim Ferriss, ces personnes passent une bonne partie de leur temps chaque jour à travailler sur une tâche importante et elles le font aussi tôt dans la journée que possible, afin de ne pas se sentir paniquées au fur et à mesure que la journée avance.

4. **Évitez les distractions.** Les investisseurs de temps se concentrent sur les grandes priorités plutôt que sur le « travail occupé » (c'est-à-dire les tâches qui vous tiennent occupés, mais qui n'apportent aucune valeur ajoutée et qui ne vous aident pas à atteindre vos buts), les distractions ou tout ce qui pourrait les empêcher de se concentrer sur leurs priorités. Ils ne ressentent pas le besoin de répondre immédiatement aux courriels et autres requêtes de temps.

5. **Gardez le dessus de votre bureau propre.** Les investisseurs de temps ne gardent sur leur bureau que le projet sur lequel ils travaillent. Ils organisent leur bureau afin que la paperasse soit minimisée et que le matériel dont ils ont besoin soit à portée de main. Ils évitent le « syndrome du bureau surchargé » où les objets empilés deviennent une source constante d'interruption mentale et d'anxiété.

6. **Analysez comment vous investissez votre temps et améliorez continuellement l'utilisation que vous en faites.**

7. **Évitez la délégation inversée**, ce qui arrive quand quelqu'un essaie de se décharger de son travail sur vous. Il est important

141

de pouvoir (poliment) dire non aux autres demandes de votre temps lorsque vous croyez que le fait de dire oui va compromettre la réalisation de vos objectifs.

8. **Faire des estimations de temps réalistes.** Rappelez-vous les lois de Murphy : (a) Tout prend plus de temps que vous ne le pensez (20 % de plus!); (b) Rien n'est aussi simple qu'il n'y parait; et (c) Si quelque chose peut mal tourner, il le fera. En fixant des délais, attendez-vous à l'imprévu et accordez du temps, si possible, à vos propres erreurs et à celles des autres.

9. **Prenez le temps de vous détendre et de vous récompenser pour le travail bien fait.** Donnez-vous souvent de petites récompenses pour vous inciter à accomplir les tâches difficiles. Même de petites pauses peuvent servir de récompenses.

10. **Impliquez les autres et demandez de l'aide.** N'essayez pas de tout faire seul; les gens sont souvent en mesure d'aider et disposés à le faire. Ils peuvent vous aider à établir des priorités, à effectuer certaines tâches, à partager ce qui fonctionne pour eux et à vous aider à atteindre vos objectifs (par exemple, ne pas vous interrompre ni vous proposer des tentations et ne pas être en retard dans votre travail).

11. **Évitez de faire huit choses stupides.** Y compris la **procrastination** qui consiste à éviter activement de faire quelque chose (comme ignorer un problème médical). David Perkins, un expert en créativité et apprentissage à Harvard, a identifié huit choses stupides qui bloquent nos progrès dans la vie : **l'impulsivité** (agir trop rapidement, perdre son calme, etc.), **la négligence** (ignorer quelque chose ou agir trop tard), **l'indécision** (hésiter par rapport à une décision), **la régression** (adopter un nouveau comportement comme arrêter de fumer puis retourner à de vieux comportements), **l'indulgence** envers soi-même (tomber dans l'excès, tel que trop écouter la télévision), **l'exagération** (comme se préparer de façon

excessive pour une présentation) et ce qu'il appelle « tenter le diable » (essayer d'éviter un certain comportement comme travailler trop fort, s'y engager trop fortement puis régresser). Selon David Perkins, ce sont toutes des formes de gestion sous-optimale de soi-même. Nous ne sommes pas conscients de ce que nous faisons « dans le moment ». Voici ce qu'il dit : « Quand nous sentons que nous devenons irritables, nous pouvons essayer de sortir de la situation, métaphoriquement ou parfois littéralement. **Quand nous sentons qu'une réaction émotive s'en vient, nous pouvons utiliser la stratégie classique consistant à compter jusqu'à dix.** Lorsque nous découvrons que nous sommes sur le point de renoncer à une tâche importante, nous pouvons essayer de nous motiver avec un discours encourageant. Malheureusement, ce n'est pas facile de "gérer le moment". Les gens peuvent être trop absorbés par la situation. Ils reconnaissent seulement plus tard qu'ils auraient pu essayer de se prendre en main, ou alors ils le reconnaissent furtivement, mais ne peuvent rassembler assez de forces pour essayer. »

Lequel de ces conseils d'investissement de temps, répartis dans les deux listes ci-dessus, êtes-vous prêt à essayer? Sélectionnez-en au moins trois à utiliser lorsque vous ferez le défi de cette semaine.

Voici votre défi

Je vous invite à préparer un inventaire de l'utilisation de votre temps sur une période de trois jours « typiques » dans votre journal de bord. Cet inventaire vous aidera à mieux comprendre comment vous utilisez votre temps, à identifier quels sont vos plus gros gaspilleurs de temps et à déterminer ce que vous pouvez faire pour vous en débarrasser. Au début de chaque journée, prenez quelques minutes pour noter vos trois plus grandes priorités de la journée et pour passer en revue vos conseils d'investissement de temps préférés. Puis, du lever au coucher, notez tout ce que vous faites, à intervalles de 15 minutes, dans votre journal de bord. En voici un exemple :

Heure	Activité
7 h – 7 h 15	Déjeuner
7 h 15-7 h30	M'habiller et me préparer pour aller au travail
…	…

Une fois que vous aurez complété votre inventaire pour cette période de trois jours, créez une liste de catégories qui décrivent comment vous utilisez votre temps (par exemple : vérifier mes courriels, temps consacré aux repas, recherches sur Internet, regarder des films, rédiger des rapports, etc.).

Pour chacune de ces catégories, indiquez le nombre de blocs de temps de 15 minutes que vous avez consacrés à cette activité pendant les trois jours, puis calculez votre moyenne pour une journée (par exemple, vérifier vos courriels = 21 blocs de temps pendant 3 jours, donc une moyenne de 7 blocs de temps [7 x 15 minutes] par jour ou 105 minutes en une journée).

Puis, dessinez un diagramme qui représente comment vous avez utilisé votre temps en moyenne pendant la journée. Vous pouvez utiliser un fichier Excel pour vous aider ou bien le dessiner à la main. Par exemple, si vous avez été éveillé de 7 heures à 23 heures en moyenne, cela fait une durée moyenne de 16 heures ou 960 minutes. Vérifier vos courriels pendant 105 minutes représente environ 11 % (105/960 minutes) de votre diagramme total, donc vous devez dessiner une section représentant environ 11 % du diagramme.

Réflexion

Répondez aux questions suivantes dans votre journal de bord.

1. Que révèle votre diagramme? À quoi consacrez-vous la majeure partie de votre temps libre?

2. Ce qui est important pour vous est-il représentatif de la façon dont vous utilisez votre temps? Qu'est-ce que votre emploi du temps révèle au sujet de vos priorités? (La plupart de votre temps est-il consacré à ce qui est le plus important pour vous?)

3. Quelles activités vous procurent le plus d'avantages (en termes de productivité, d'énergie, de relaxation, etc.)? Quelles activités sont les moins utiles à cet égard?

4. Comment pouvez-vous développer une méthode pour prendre conscience de la façon dont vous utilisez votre temps?

5. Dans quelle mesure planifiez-vous votre travail (fixer des objectifs clairs et des échéanciers de réalisation)?

6. Dans quelle mesure autorisez-vous les autres à influencer, dicter ou contrôler la façon dont vous utilisez votre temps?

7. Qu'avez-vous fait de manière concrète et consciente pour réduire le gaspillage de votre temps?

8. Que faites-vous pour essayer d'équilibrer votre temps entre votre travail et votre vie personnelle?

Plan d'action

Dans votre journal de bord, décrivez les trois actions précises que vous prendrez dans la semaine suivante afin (a) d'éviter les activités qui vous font perdre du temps et (b) d'accorder plus de temps aux activités qui vous procurent des avantages. Indiquez les actions et les échéanciers spécifiques et comment vous évaluerez si vous avez terminé votre plan avec succès.

Matière à réflexion

- **La manière dont vous gérez votre temps est un choix qui vous revient.** Vous pouvez choisir de le gaspiller et de le laisser glisser entre vos doigts ou de l'investir dans les choses importantes de votre vie.
- Chacun de nous a de nombreuses occasions de dire « oui » à de nombreuses activités, diversions et priorités. Il n'y a généralement pas de pénurie de choses à faire. Mais il n'y en a qu'un « vous ». Être disposé à dire « non » et à vous concentrer sur ce qui est le plus important pour vous vous donnera le temps et l'espace dont vous avez besoin pour créer une vie heureuse et productive.

PARTIE 3 : S'INVESTIR DANS LES RELATIONS INTERPERSONNELLES

13

Êtes-vous une personne civile?

« La civilité ne coute rien et achète tout. »
— Mary Wortley Montagu

« Pour dire les choses très simplement, les gens sont impolis lorsqu'ils sont : (1) stressés; (2) malheureux; (3) pressés. Il y a de plus en plus de gens dans ce pays à qui il arrive de vivre les trois en même temps. L'impolitesse est un symptôme qui témoigne d'un mauvais état d'esprit. » — ReadyinTX (cité par P. M. Forni)

« Si vous voulez vous faire des amis, faites des efforts pour faire des choses pour les autres — des choses qui demandent du temps, de l'énergie, du désintéressement et de la prévenance... Un mot aimable ou un geste gentil est comme allumer la bougie d'une autre personne. La bougie ne perd rien de sa luminosité par ce que l'autre en gagne. » — Lawrence Lovasik

La plupart des gens seront d'accord : il est facile d'être civil quand tout se passe bien pour vous. Mais que se passe-t-il lorsque vous êtes fatigué ou stressé ou lorsque vous n'obtenez pas ce que vous voulez des autres? Avez-vous du mal à vous tempérer? Avez-vous tendance à vous concentrer sur vos perceptions et vos besoins de telle sorte à exclure les perceptions et les besoins des autres?

Thomas Merton a dit un jour que personne n'est une île, et cela ne pourrait être plus vrai que dans le monde hyper-connecté d'aujourd'hui. Tout ce que nous faisons a un impact sur les autres. Se concentrer uniquement sur ce que nous voulons, c'est ignorer nos responsabilités envers les autres et l'impact que nous avons sur eux.

Si vous voulez être un employé formidable, vous devez faire preuve de civilité. La civilité implique de traiter les autres avec respect. Il s'agit, par exemple, de respecter le temps des autres en étant fiable et prévisible (être à l'heure aux réunions, retourner rapidement ses appels téléphoniques et ses courriels, respecter les délais, faire le suivi de ses engagements, ne pas avoir à s'excuser pour son retard). Certaines personnes justifient leur retard par le fait qu'elles sont occupées. Or ces personnes ne sont pas plus occupées que les autres; elles ne savent tout simplement pas comment gérer leur temps et n'ont aucune considération pour le temps des autres. Cela est irrespectueux et envoie comme message que les autres sont moins importants. Les personnes respectueuses ne surchargent pas leur horaire et ne sous-estiment pas le temps requis pour se rendre à une réunion. Elles prévoient du temps pour les imprévus.

Être peu fiable est l'une des nombreuses manières d'être incivil. En voici quelques autres :

- **Utiliser son cellulaire** lors d'une réunion ou pendant une interaction ou un repas avec une autre personne.
- **Ne pas remettre les choses à leur place** après les avoir utilisées.

- **Faire sa toilette en public** (se maquiller, se peigner, etc.).
- **Exclure les autres** ou ne pas manifester d'intérêt pour ce qu'ils ont à dire.
- **Ne pas prendre ses responsabilités** : se trouver des excuses ou demander des exceptions ou bien des permissions spéciales.
- **S'attribuer le mérite** pour le travail des autres.
- **Ne pas aider** lorsque nécessaire.
- **Être inattentif** ou ne pas participer aux réunions.
- **Imposer son point de vue** aux autres.
- **Humilier les autres,** faire des blagues à leurs dépens ou les insulter.

- **Crier après quelqu'un**, faire la moue ou insulter autrui en cas d'insatisfaction.
- **Se plaindre**, blâmer les autres et être négatif.

Pouvez-vous penser à d'autres exemples? Il y en a des tonnes!

Il est facile de comprendre que **l'incivilité érode la confiance**. Il est difficile de faire confiance à quelqu'un qui semble trop centré sur lui-même au détriment des autres. Dans son article sur la neurobiologie de la confiance dans le *Scientific American*, Paul Zak soutient que nous sommes programmés pour faire confiance, mais que les expériences négatives entravent cette capacité. Lorsque les autres sont imprévisibles ou antisociaux, cette incertitude ou cet isolement font en sorte que nous sommes moins portés à leur faire confiance.

Selon Paul Zak, nous pouvons gagner la confiance des autres par « diligence, fidélité et effort soutenu ». Pour ce faire, il offre les solutions suivantes :

- Respectez vos promesses et vos engagements.
- Réalisez que vos actions influencent votre « marque » (votre réputation) positivement ou négativement.
- Soyez sincère dans vos communications avec les autres.
- Soyez disposé à aider les autres et à faciliter leurs interactions avec vous.
- Gérez vos humeurs pour que les gens sachent à quoi s'attendre avec vous.
- Aidez les gens à se sentir en sécurité autour de vous en étant empathiques et encourageants.
- Partagez des renseignements qui aideront les autres.
- Célébrez les réalisations des autres.

Voici votre défi en deux parties

Partie 1
Pour vous aider à déterminer dans quelle mesure vous êtes civil dans votre vie quotidienne (travail, maison, école ou autres engagements), je vous invite à dresser un inventaire de vos comportements lors de vos interactions avec les autres sur une période de trois jours cette semaine. Dans votre journal de bord, décrivez les occasions où vous avez été civil et incivil (de même que les comportements particulièrement civils et incivils des autres). Quel était le contexte de ces comportements : étiez-vous pressé, répondiez-vous à l'incivilité des autres, etc. ?

Partie 2
Au cours des quatre jours suivants, essayez d'être incroyablement civil dans toutes vos interactions avec les autres. Gardez une trace de vos efforts dans votre journal de bord.

Réflexion

Répondez aux questions suivantes dans votre journal de bord.

1. Quel a été le niveau de difficulté de cet exercice pour vous? Expliquez…
2. Aviez-vous tendance à « excuser » vos comportements incivils?
3. Quelle impression pensez-vous que ce comportement a laissée aux autres?
4. Dans quelle mesure croyez-vous être un employé civil?
5. Quand vous avez remarqué que d'autres personnes étaient inciviles (en retard, peu fiables, etc.), quelle fut votre impression à leur sujet?
6. À quel point était-ce difficile d'être incroyablement civil? Comment les autres ont-ils réagi?
7. Quelles leçons avez-vous apprises en faisant cet exercice?

Plan d'action

Dans votre journal de bord, décrivez les trois actions précises que vous prendrez dorénavant afin (a) d'éliminer vos comportements incivils (b) d'adopter plus de comportements civils et (c) d'enseigner aux autres l'importance de faire (a) et (b). Indiquez les actions et les échéanciers spécifiques et comment vous évaluerez si vous avez terminé votre plan avec succès.

14

Lancez-vous des *zingers*?

« Une personne sarcastique a un sentiment de supériorité qui ne peut être guéri que par l'honnêteté de l'humilité. Prenez l'habitude de faire une interprétation positive de tout ce que vous voyez et entendez, et d'avoir des pensées bienveillantes à l'égard de tous ceux à qui vous pensez. Ne dites jamais derrière le dos d'un homme ce que vous avez honte de dire devant son visage. »
— Lawrence Lovasik

« Rappelez-vous... quiconque tente de vous faire tomber est déjà en dessous de vous. » — Ziad Abdelnour

Selon le dictionnaire en ligne Merriam Webster, un *zinger* est « un commentaire succinct qui critique ou insulte quelqu'un ». Les *zingers* sont des attaques subtiles, ambigües, voilées et dénigrantes dont les intentions méchantes sont faciles à nier (par exemple : « Je plaisantais, ne le prenez pas au sérieux! »).

153

David Eddie appelle ces dénis des *cloaking devices*, que nous pourrions traduire par « dispositifs de dissimulation ». Il offre deux exemples de ces dispositifs. Le premier est l'*insultiment* (insulte + compliment = *insultiment*) : « Oh, ces lunettes vous font bien, elles nous font oublier tout le poids que vous avez pris récemment. » Le deuxième est le *questionult* (question + insulte = *questionult*) : « Oh, vous avez finalement acheté de nouveaux rideaux? Étaient-ils votre premier choix? » Voyez-vous l'effet que produisent ces faux compliments? Le début provoque la naissance d'un sourire alors que la fin fait déchanter. C'est mesquin. Voici quelques exemples supplémentaires :

- [En désignant des cheveux nouvellement frisés] Avez-vous mis le doigt dans une prise de courant? (sarcasme, moquerie, dénigrement)
- J'aimerais être aussi confiant que vous pour porter quelque chose d'aussi serré! (insinuation)
- Vous êtes toujours/vous n'êtes jamais ____ (exagérer, blâmer, suggérer qu'il y a un *pattern* récurrent)
- Oui, mais... (donne l'impression d'être en accord, alors que ce n'est pas le cas)
- Je suis désolé, mais... (faire semblant de s'excuser)
- J'étais trop occupé... (excuses persistantes)
- Tu es juste trop intelligent pour moi... (dévalorisation)
- Lever les yeux au ciel (mépris, agressivité passive)

Il va sans dire que les employés formidables n'utilisent pas les *zingers*. **Les *zingers* sont des signes d'un manque de respect pour les autres** et sont inefficaces dans le développement de bonnes relations interpersonnelles.

En effet, Tom LaForce considère qu'ils sont le contraire de l'affirmation de soi : au lieu d'être respectueux, honnêtes et directs, les *zingers* sont irrespectueux, légèrement malhonnêtes et certainement indirects. Ils constituent des moyens détournés de communiquer un message. Pour la transparence, on repassera…

Si vous êtes la cible de *zingers*, ne croyez pas ce que la personne dit, ne vous défendez pas et ne répondez pas du tac au tac avec d'autres *zingers*. Ce sont peut-être précisément les réactions recherchées par l'utilisateur des *zingers*. En outre, ces options ne contribueront pas à rendre la conversation plus constructive.

Au lieu de cela, demandez-lui de répéter; il est très susceptible d'être mal à l'aise à l'idée de le faire. Ou encore, essayez la stratégie de Tom LaForce : **« La prochaine fois que quelqu'un lancera un de ces *zingers* sur vous, demandez-lui "Qu'est-ce que vous essayez de dire?"** La personne va probablement nier tout message caché. C'est à ce moment-là que vous la relancez : "Non, je pense que vous voulez me dire quelque chose. Je ne suis pas sûr de comprendre ce que c'est. Soyez plus clair s'il-vous-plaît." Avec ces deux commentaires, vous venez de dire aux gens que vous les avez attrapés (ils détestent ça) et vous les avez invités à communiquer de manière plus directe. Répondez de cette manière systématiquement et il y a de bonnes chances que les personnes qui recourent le plus souvent à ces comportements passifs-agressifs aillent trouver une autre cible ou changent carrément de méthode. »

Voici votre défi

Pour vous aider à prendre conscience des *zingers* qui figurent dans votre répertoire (et celui des autres) et pour vous aider à les éliminer de vos habitudes de communication, je vous invite à redoubler d'attention au cours des trois prochains jours pour voir si vous ou d'autres personnes utilisez des *zingers*. Servez-vous des alternatives indiquées dans le paragraphe précédent pour répondre aux *zingers*. Finalement, si vous vous apercevez que vous avez vous-même envoyé un *zinger* à quelqu'un, excusez-vous immédiatement devant tous ceux qui l'ont entendu. Notez vos observations dans votre journal de bord.

Réflexion
Répondez aux questions suivantes dans votre journal de bord.
1. À quelle fréquence avez-vous entendu d'autres personnes lancer des *zingers* pendant ces trois journées? Qu'ont-elles dit? Dans quel contexte?
2. Comment vous sentiez-vous? Comment avez-vous répondu? Quelles étaient leurs réactions?
3. Qu'en est-il de vous-même : quels *zingers* avez-vous utilisés? Quelle a été la réaction de la personne à qui vous avez envoyé un *zinger* (et la réaction des autres qui ont peut-être entendu votre *zinger*)?
4. Comment avez-vous réglé cette situation?
5. Quelles leçons avez-vous apprises sur l'utilisation de *zingers* dans les conversations?
6. Comment un employé formidable peut-il s'assurer que l'environnement de travail soit exempt de *zingers*?
7. Comment un employé formidable devrait-il réagir face à ses collègues qui recourent aux *zingers*?

Plan d'action
Dans votre journal de bord, décrivez les trois gestes que vous poserez dorénavant afin de supprimer les *zingers* de votre répertoire et de celui des autres. Indiquez les actions et les échéanciers spécifiques et comment vous évaluerez si vous avez terminé votre plan avec succès.

15

Prenez-vous le temps d'écouter?

« On entend souvent la remarque : "Il parle trop,", mais a-t-on jamais entendu la critique : "Il écoute trop"? »
— Norman Augustine

« Si nous avons une bouche et deux oreilles, c'est bien parce que nous devons écouter deux fois plus que nous devons parler, n'est-ce pas? » — Confucius

« C'est le domaine de la connaissance de parler et c'est le privilège de la sagesse d'écouter. »
— Oliver Wendell Holmes

« Entre ce que je pense, ce que je veux dire, ce que je crois dire, ce que je dis, ce que tu veux entendre, ce que tu crois entendre, ce que tu entends, ce que tu crois comprendre, ce que tu veux comprendre et ce que vous comprenez, il y a dix possibilités de

157

difficultés de communication. » — Bernard Werber

Êtes-vous un bon communicateur? Prenez-vous le temps d'écouter? Êtes-vous plus à l'aise au sein d'un groupe ou en tête-à-tête avec quelqu'un? Pouvez-vous vous adapter aux besoins de différentes personnes? Avez-vous sollicité des commentaires sur vos compétences en communication?

L'écoute est au cœur de la communication et la communication est essentielle aux employés formidables. Parfois, nous interrompons les autres parce que nous voulons leur démontrer notre intérêt par rapport à ce qu'ils disent ou parce que nous avons des questions à leur poser. Mais la meilleure façon de montrer de l'intérêt est certainement de simplement écouter et, souvent, notre interlocuteur répondra à toutes les questions que nous avons si nous le laissons dire ce qu'il a à dire. Patience! Nous pensons que nous écoutons les autres parce que nous les regardons, mais qu'est-ce qui se passe dans nos esprits pendant cette période? Pensons-nous à ce que nous allons dire, à ce que nous pourrions dire pour contester, à nos propres expériences, ou sommes-nous distraits par d'autres facteurs (par exemple, leur accent, les vêtements qu'ils portent, notre cellulaire ou le bruit environnant)? Ce sont tous des signes d'écoute déficiente.

Selon Valérie Lanctôt-Bédard, coach professionnelle et spécialiste de la communication non violente, il y a plusieurs signes supplémentaires indiquant que nous n'écoutons pas réellement :
1. Répondre à quelqu'un en lui donnant des conseils non sollicités;
2. Essayer de consoler;
3. Rediriger la conversation vers soi-même;
4. Banaliser ce que la personne dit.

Toutes ces réactions ne témoignent pas d'une grande capacité d'écoute : elles ont pour effet de freiner la conversation.

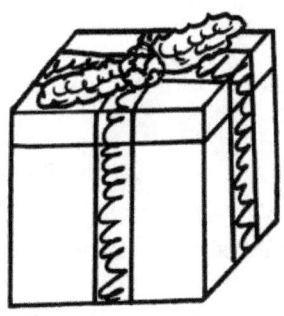

D'ailleurs, comme le mentionne Valérie Lanctôt-Bédard : « **L'écoute qui enrichit la relation s'intéresse à l'expérience de la personne qui parle, à son vécu et à ce qui se passe à l'intérieur d'elle.** » Ainsi, cette experte mentionne qu'il ne s'agit pas de poser des questions de clarification sur l'histoire racontée, mais plutôt sur la perception de la personne qui raconte l'histoire. C'est ainsi qu'elle envisage **l'écoute comme un cadeau que nous offrons à notre interlocuteur.** Il faut donc s'assurer d'être disponible pour écouter réellement et s'assurer de se centrer sur l'autre au lieu de tout ramener à soi. Facile, direz-vous? Certes, ceci peut sembler normal ou naturel, mais le faire réellement et avec sérieux demande beaucoup de contrôle de soi et de générosité.

Voici quelques suggestions pour vous aider à mieux écouter. Vous devez éviter de :

1. Attacher plus d'importance aux faits qu'aux émotions lorsqu'une personne parle.
2. Réagir à des mots tabous.
3. Réfuter rapidement le propos d'une personne si vous ne comprenez pas bien ce qu'elle dit ou si vous n'êtes pas d'accord avec elle.
4. Faire semblant d'écouter.
5. Abandonner la conversation lorsque vous considérez qu'il s'agit d'un sujet difficile.
6. Penser à autre chose pendant que vous suivez la conversation.
7. Laisser des éléments extérieurs à la conversation vous distraire.
8. Critiquer le débit, l'apparence ou l'habillement de votre interlocuteur.

9. Essayer de faire une estimation de votre interlocuteur en le jugeant.
10. Penser davantage à ce que vous allez dire qu'à ce que votre interlocuteur est en train de dire.
11. Interrompre votre interlocuteur et essayer de lui répondre rapidement.
12. Répondre avant même qu'une question soit entièrement posée.

Vous devriez plutôt essayer de :
1. Partager la responsabilité de la communication.
2. Vous concentrer sur ce que dit votre interlocuteur.
3. Écouter la signification complète du message, c'est-à-dire autant les sentiments de l'autre que l'information transmise.
4. Rechercher les thèmes importants.
5. Regarder votre interlocuteur et vous pencher vers lui.
6. Observer les signes non verbaux de votre interlocuteur.
7. Adopter une attitude d'ouverture à l'égard de votre interlocuteur.
8. Démontrer votre compréhension et votre empathie.
9. Être à l'écoute de vos émotions.
10. Vous montrer intéressé et réagir (démontrer que vous écoutez avec les principes de l'écoute active).
11. Laisser tout jugement de côté.

Voici votre défi

Je vous invite à travailler activement votre écoute cette semaine. Bien que les techniques suggérées ci-dessus puissent paraitre mécaniques au début, elles deviendront naturelles et vous vous sentirez d'autant plus connecté à votre interlocuteur. Pendant au moins trois journées complètes, démontrez beaucoup d'écoute, c'est-à-dire :

- N'interrompez pas ceux qui vous parlent.
- Engagez-vous dans un processus d'écoute active, c'est-à-dire montrez de l'intérêt pour ce que l'on vous dit. Faites savoir à votre interlocuteur que vous l'écoutez activement en disant « oui », « hum… », et en laissant des instants de silence dans la conversation.
- **Essayez de comprendre d'abord, puis d'être compris ensuite. Posez des questions de clarification, paraphrasez et reflétez les sentiments de votre interlocuteur jusqu'à ce que vous lui ayez démontré que vous avez bien compris ce qu'il dit.** Vous pourrez présenter votre point de vue seulement lorsqu'il aura terminé de dire ce qu'il voulait dire.
- Dites : « Si je vous comprends bien… » chaque fois que quelqu'un vous dit quelque chose qui est plus de trois phrases. Terminez votre reformulation par « est-ce bien cela? » ou encore « ai-je bien compris? » afin de relancer la balle à votre interlocuteur et lui signaler que vous êtes toujours disponible pour l'écouter.
- Lorsque quelqu'un vous raconte un évènement qu'il a vécu, posez des questions ouvertes (comment as-tu vécu cela, comment ça, que veux-tu dire?) qui stimulent la conversation plutôt que des questions fermées (pouvant être répondues par oui ou non) qui la bloquent.

Réflexion
Répondez aux questions suivantes dans votre journal de bord.
1. Comment vous sentiez-vous lorsque vous étiez en train d'exercer vos compétences d'écoute?
2. Comment les autres personnes ont-t-elles réagi?

3. Pensez-vous que vous avez compris plus en détail ce que la personne essayait de communiquer? Étiez-vous mieux en mesure de communiquer vos idées? Expliquez…

4. Quels conseils ont été particulièrement difficiles à suivre? Pourquoi?

5. Quelles leçons avez-vous apprises à vous écouter et à vous exprimer?

Plan d'action

Dans votre journal de bord, décrivez les trois actions précises que vous prendrez dorénavant afin de (a) pratiquer l'écoute active et (b) encourager l'écoute active au sein de votre équipe. Indiquez les actions et les échéanciers spécifiques et comment vous évaluerez si vous avez terminé votre plan avec succès.

Matière à réflexion

- Établissez des relations constructives avec les autres. Montrez un intérêt sincère pour les autres personnes en tant qu'individus. Pour avoir une conversation incroyable, découvrez ce qui les passionne!

- « Vous n'avez pas vécu aujourd'hui tant que vous n'avez pas fait quelque chose pour quelqu'un qui ne pourra jamais vous rembourser. » — John Bunyan

16

Évitez-vous les quatre cavaliers de l'apocalypse dans vos interactions?

« Un œil pour un œil ne fera que rendre le monde entier aveugle. »
— Mahatma Gandhi

« Les mots gentils peuvent être courts et faciles à dire,
mais leurs échos sont vraiment infinis. » — Mère Teresa

« Tout imbécile peut critiquer, se plaindre et condamner
— et la plupart des imbéciles le font. Mais il faut du caractère et de
la maitrise de soi pour être compréhensif et pardonner. »
— Dale Carnegie, *How to Win Friends and Influence People*

 Dans leurs recherches exhaustives sur les couples, le psychologue John Gottman et ses collaborateurs ont constaté qu'après avoir observé des couples interagir pendant seulement 15 minutes, ils pouvaient prédire avec un taux de précision de 93 % si ceux-ci divorceraient. Notamment, ils ont constaté que **les quatre « cavaliers » ou prédicteurs de divorce étaient : la critique, la défensive, le mépris et l'évitement**.

1. La **critique** consiste en des jugements négatifs excessifs et non constructifs sur une personne (« Vous êtes paresseux! »). C'est comme une attaque. C'est surtout le cas lorsque les gens parlent en termes absolus tels que « vous faites toujours » ou bien « vous ne faites jamais ».

2. Quand les gens sont sur la **défensive**, ils se placent dans le rôle de victime et ils ne voient pas qu'ils partagent la responsabilité du problème. Ils pourraient trouver des excuses ou blâmer l'autre personne pour leurs problèmes.

3. Quand les gens expriment du **mépris**, le plus sérieux des cavaliers, ils se considèrent comme étant au-dessus des autres. Ils peuvent rouler des yeux, ricaner, se moquer ou rabaisser les autres pour les faire se sentir petits (« vous faites dur »). Ils expriment un manque de respect et de la condescendance.

4. Finalement, **l'évitement** se produit souvent quand une personne est submergée par la conversation et a besoin de se distancer, de silence, de changer de sujet ou de se retirer de la conversation (peut-être même en sortant de la pièce).

Vous pouvez voir comment ces quatre cavaliers seraient toxiques à tout type de relation, y compris la relation entre les employés formidables et les autres membres de leur équipe. **Lorsque les interactions entre les employés formidables et leurs collègues sont dominées par les accusations, la négativité, le manque de respect, la critique et les comportements d'évitement, un climat de travail toxique se développe.** Cette mauvaise gestion des relations peut éroder toute confiance et peut certainement avoir un effet négatif sur la productivité. Que doivent donc faire les employés formidables?

1. La première chose que les employés formidables devraient faire est d'**observer si les quatre cavaliers sont présents dans leurs interactions** avec leurs collègues.

2. Si c'est le cas, ils devraient **planifier des comportements alternatifs** qui pourraient contribuer à une atmosphère plus positive. Les employés géniaux ne devraient pas simplement présumer que tout se résoudra comme par enchantement. C'est habituellement le contraire se produit, car les gens conservent leurs sentiments destructeurs.

3. Ainsi, comme alternative à la critique, **essayez de faire part de vos préoccupations** – de façon douce – à partir de votre propre perspective en utilisant des déclarations au « je » pour indiquer comment vous vous sentez à propos d'un comportement spécifique (pas d'attaque globale).

4. Au lieu de répondre à la critique avec une attitude défensive (« oui, mais »), **essayez d'écouter attentivement** ce que l'autre personne dit, acceptez votre responsabilité et demandez pardon pour votre part du problème (« la partie avec laquelle je suis d'accord... »).

5. Le mépris devrait être remplacé par **la considération des attributs positifs de la personne** (ses qualités) et par **la description de vos propres besoins** dans la relation.

6. Enfin, lorsque vous avez besoin de distance (émotionnelle) dans une interaction, il est parfaitement acceptable de **demander**

quelques minutes pour recueillir vos pensées avant de poursuivre la conversation. De cette façon, l'autre personne ne pensera pas que vous l'avez abandonnée ou rejetée.

Voici votre défi

Pour vous aider à prendre conscience de la présence des quatre cavaliers (critique, défense, mépris et évitement) dans vos interactions avec les autres, je vous invite à porter attention à leur présence dans vos communications cette semaine. Deuxièmement, je vous invite à planifier et réaliser des comportements alternatifs. Dans votre journal de bord, garder la trace de vos efforts et leurs résultats.

Réflexion

Répondez aux questions suivantes dans votre journal de bord.

1. Quand et avec qui avez-vous vécu ou utilisé la critique, la défense, le mépris et l'évitement? Qu'est-ce que les autres ont dit ou fait et comment leur avez-vous répondu? Quel a été l'impact sur vos relations?
2. Qu'est-ce que vous avez faite pour éliminer les cavaliers de vos interactions? Quelle était la réaction d'autrui?
3. En tant qu'employé formidable, que pouvez-vous faire pour vous assurer que vos interactions avec les membres de votre équipe soient à l'abri des quatre cavaliers?

Plan d'action

Dans votre journal de bord, décrivez les trois moyens que vous mettrez en place dorénavant pour réagir différemment la prochaine fois que les cavaliers envahiront vos interactions. Indiquez les actions et les échéanciers spécifiques et comment vous évaluerez si vous avez terminé votre plan avec succès.

17

Êtes-vous prêt à régler un conflit?

« Ceux qui vont jouer avec les chats doivent s'attendre
à être griffés. » — Miguel de Cervantes

« Une porte s'ouvre dans les conflits lorsque vous voyez que la
cause n'est pas que les autres personnes semblent s'opposer à
vous; c'est la façon dont vous percevez ces personnes et les
hypothèses que vous faites à leur sujet qui créent le problème. »
— Miles Sherts

Lorsque des conflits surviennent entre un
employé et les autres membres de son équipe,
l'employé formidable les règle aussitôt que
possible d'une façon constructive. Quand
nous tournons le dos aux conflits et aux
problèmes, ils s'aggravent et deviennent de
lourds fardeaux. Il faut donc les résoudre dès

qu'ils se présentent, mais comment s'y prendre?

Voici donc dix conseils pour la gestion constructive des conflits :

1. **En premier lieu, minimisez le nombre de conflits à gérer!** Comment faire? Il est possible d'appliquer ce conseil en deux temps : (1) évitez les conflits potentiels et (2) anéantissez-les dès qu'ils surviennent. Premièrement, pour citer Naval Ravikant, PDG de AngelList : « **La première règle de la gestion des conflits est de ne pas trainer autour de personnes qui sont constamment engagées dans les conflits.** [...] Les gens qui se battent régulièrement avec les autres finiront par se battre avec vous. » Sage, n'est-ce pas? Alors, ne vous mettez pas volontairement dans des situations propices à l'apparition de conflits et vous parviendrez à en éloigner plusieurs!

   Ensuite, soyez proactif face aux problèmes. Agissez dès qu'ils surgissent. Ne laissez pas les petits problèmes devenir de gros problèmes. En les réglant un à la fois, dès qu'ils se présentent, la tâche vous semblera plus légère et vous ne serez pas enseveli sous une montagne de petits soucis. Pour ce faire, vous devez prendre vos responsabilités afin de reconnaitre vos erreurs et votre contribution aux problèmes. Le problème peut être hors de votre contrôle, mais vous y avez surement ajouté votre grain de sel! L'erreur est humaine. Si cela vous arrive, cela peut arriver aux autres. Acceptez l'imperfection et continuez de croire que les personnes sont habituellement bien intentionnées.

   Concrètement, lorsqu'un conflit se présentera, vous devrez exercer un contrôle et une maitrise de soi. Demeurez poli avec les personnes impliquées et cherchez à comprendre leurs points de vue ainsi que leurs attentes quant à la résolution du problème. Rappelez-vous qu'au-delà des disputes, il y a les relations interpersonnelles : vous devez donc vous demander sérieusement si vous souhaitez obtenir ce que vous voulez aux dépens de la relation ou si vous seriez plus enclin à accepter un compromis pour conserver la relation.

2. **Prenez conscience de votre contribution au conflit.** Essayez-vous toujours d'obtenir ce que vous voulez, convaincu que vous avez raison et que l'autre personne a tort? Pensez-vous que vous méritez un traitement de faveur et que les « règles » ne s'appliquent pas à vous? Êtes-vous un persécuteur ou une victime perpétuelle? Sautez-vous rapidement aux conclusions? Supposez-vous automatiquement que l'autre a des intentions malveillantes? Avez-vous tendance à faire des montagnes avec des riens? Êtes-vous très réactif et sensible à ce que les autres disent et font? Si vous avez répondu « oui » à ces questions, il est probable que vous viviez beaucoup de conflits dans votre vie. Ne vous affolez pas! Vous êtes le public cible pour ces conseils.

3. **Mettez les choses en perspective.** Vous devez vous exercer à déterminer si le problème existe vraiment ou si vous êtes particulièrement sensible en raison de votre humeur ou de vos préoccupations. Demandez-vous ainsi si vous n'amplifiez pas inutilement un geste ou une parole qui ne vous aurait habituellement pas offusqué. Si vous avez tendance à voir des conflits là où il n'y en a pas, demandez-vous si vous êtes disposé à investir du temps et de l'énergie pour les résoudre. Si le conflit est bel et bien réel, relativisez-le et dédramatisez-le. Comprenez que deux personnes peuvent avoir des perceptions différentes de la même situation. Essayez donc de vous mettre dans la peau de l'autre personne. Ne faites pas de suppositions sur ses motivations et sur ses intentions : la bonne foi est de mise pour régler un conflit. Posez-vous cette question : « L'enjeu sera-t-il

aussi important dans six mois ou dans un an? » Finalement, demandez-vous jusqu'à quel point vous êtes prêt à aller pour défendre votre point de vue.

4. **Regardez au-delà des symptômes et demandez-vous quels sont les enjeux réels.** Distinguez les faits des opinions et des interprétations. Pensez aux schémas d'interaction qui ont alimenté le conflit actuel. Ne tombez pas dans le piège de la personnification. Un conflit est quelque chose qui se crée, se vit et se résout à deux!

5. **Essayez de résoudre le problème directement avec l'autre personne en utilisant une approche « gagnant-gagnant » avant d'impliquer d'autres personnes.** Parlez à la personne impliquée directement, en face à face. Déterminez comment vous avez potentiellement contribué, d'une quelconque façon, à ce problème et acceptez votre part de responsabilités. Évitez la triangulation en vous plaignant aux autres. Lorsque vous commérez, vous amplifiez le problème et vous lui donnez plus d'importance qu'il n'en a en réalité. Inversement, si vous êtes témoin d'un conflit, évitez de vous impliquer sauf si les parties vous demandent d'agir en tant que médiateur. Encouragez les gens qui se plaignent d'autrui à parler directement à la personne concernée. Soyez averti : les gens qui se plaignent à vous au sujet des autres sont tout aussi susceptibles de se plaindre de vous à des tiers.

6. **Utilisez vos compétences en communication.** Pour éviter les prises de bec, faites preuve d'écoute active (écoutez sans juger, ne réagissez pas outre mesure, n'affichez pas de position bien campée et prenez votre temps) et soyez à l'écoute des sentiments des autres (reflétez les sentiments, n'étiquetez pas les gens, ne portez pas de jugements). Résumez ce que vous avez entendu et ce que vous avez compris; inspirez-vous des faits, des sentiments et des comportements. Ne jugez pas et n'accusez

personne. Vous maintiendrez ainsi la ligne de communication ouverte. Affirmez-vous de manière assertive en clarifiant ce que vous voulez tout en portant attention à ce que l'autre veut.

7. **Encouragez la discussion dans les deux sens.** Mettez l'accent sur le problème et non pas sur la personne et votre antipathie ou votre manque de respect pour elle. Obtenez des renseignements précis : qui, quoi, où, quand et comment. Tentez de vous entendre sur les faits. C'est une bonne base sur laquelle vous pouvez vous accorder sans trop de « chichis ». Essayez de comprendre les intérêts cachés derrière la position de l'autre personne. Envisagez alors des solutions multiples pour résoudre le problème. Si l'autre personne tente de vous distraire et de changer de sujet, soyez persistant dans la communication de votre message. Prenez la responsabilité de vos émotions. Ne rendez pas les autres responsables de vos sentiments. Sachez que toute tentative visant à vous faire sentir coupable ou inadéquat ne fonctionnera pas sans votre coopération. Ne cédez pas au chantage émotif de bas étage!

8. **Trouvez des options avec lesquelles vous pouvez vivre tous les deux.** Discutez des objectifs que vous pouvez tous deux accepter. Malgré les différences, vous avez surement des objectifs communs. Affirmez-vous, mais de façon non menaçante. L'autre partie sera plus encline à vous écouter si vous discutez raisonnablement que si vous criez haut et fort l'injustice que vous ressentez. Focalisez-vous sur le moment présent au lieu du passé, où rien ne peut être changé. Comme le dit le dicton, « avec des si, on mettrait Paris en bouteille… ».

9. **Osez changer votre perspective subjective et étroite du problème.** Demandez-vous ce que ferait une personne que vous admirez dans cette situation. Demandez-vous comment une personne mature et responsable réagirait. Tout en vous sortant de votre réflexion et de votre interprétation personnelle

du conflit, vous découvrirez la manière idéale de le régler. Bien sûr, si votre référence est un superhéros ou un surhomme, vous ne pourrez surement pas transposer la solution telle quelle dans la situation problématique que vous vivez! Or, si la solution optimale est possible et réalisable, vous pourrez l'appliquer pour régler votre problème.

10. **Considérez consciemment quelle stratégie serait la plus appropriée dans la situation actuelle et appliquez-la.** Vous avez analysé le problème sous tous ses angles et vous en connaissez les impacts, alors passez à l'action!

Voici votre défi

Je vous invite à faire un peu de ménage dans vos relations cette semaine! Pensez à un conflit ou un malentendu qui existe et persiste actuellement entre vous et une autre personne. En utilisant les conseils précédents, essayez de résoudre le problème avec l'autre personne directement, sans l'intervention d'une tierce partie. Concentrez-vous sur le problème et non sur les caractéristiques personnelles que vous n'aimez pas chez l'autre personne. Reconnaissez votre contribution partielle au problème et acceptez votre responsabilité dans le conflit. Essayez d'être sensible au point de vue de l'autre. Trouvez une solution gagnant-gagnant. Gardez une trace de vos efforts et les résultats dans votre journal de bord.

Réflexion

Répondez aux questions suivantes dans votre journal de bord afin d'alimenter votre réflexion.

1. Est-ce que le conflit à résoudre a été facile à identifier? En existait-il d'autres? Avez-vous dû faire un effort particulier pour trouver un problème qui existait dans votre vie au moment de réaliser l'exercice?

172

2. Si vous deviez conseiller une personne qui est au centre d'un conflit, que lui diriez-vous?

3. En examinant les dix conseils pour la gestion constructive des conflits, lesquels étaient plutôt difficiles ou faciles à suivre? Pourquoi?

4. À la lumière de cet exercice, quelles conclusions ou grandes leçons pouvez-vous tirer par rapport à vous-même en lien avec la gestion de conflits?

5. Imaginez que vous êtes un employé formidable au sein d'une équipe et qu'une dispute éclate entre deux de vos collègues. Selon les rumeurs, cette chicane serait à la fois personnelle et professionnelle. Vous attendez quelques jours que le climat dans votre équipe de travail revienne à la normale. Or, votre attente n'a pas les résultats escomptés : l'ambiance est tendue, des ragots se propagent et le rendement de l'équipe diminue. Que feriez-vous en tant qu'employé formidable au sein de cette équipe? À quel moment seriez-vous intervenu dans la dispute? Quelle aurait été votre intervention? Quels conseils de la liste proposée précédemment donneriez-vous à un autre employé formidable qui serait témoin d'une telle situation? Pourquoi?

Plan d'action

Dans votre journal de bord, décrivez les trois actions précises que vous prendrez dorénavant afin de (a) minimiser les conflits et les malentendus et (b) les régler rapidement et efficacement. Indiquez les actions et les échéanciers spécifiques et comment vous évaluerez si vous avez terminé votre plan avec succès.

PARTIE 4 : TRAVAILLER EN ÉQUIPE ET DEVENIR UN EMPLOYÉ FORMIDABLE

18

Êtes-vous IN ou êtes-vous OUT?

« Être ignoré provoque la même réaction chimique
dans le cerveau qu'une blessure physique. » — Kipling Williams

« Il y a beaucoup de différents types de morts, pas tous physiques.
Il y a des meurtres aussi subtils qu'un œil qui tourne. Dante a
installé Satan dans la glace, l'indifférence froide étant
une forme de mal si commune. » — Anne Truitt

« Peu importe ce que nous réalisons, si nous ne passons pas la plus
grande partie de notre temps avec des gens que nous aimons et
respectons, nous ne pouvons pas avoir une vie formidable. Mais si
nous passons la majeure partie de notre temps avec des gens que
nous aimons et respectons — des gens avec qui nous aimons
vraiment prendre le bus et qui ne nous décevront jamais — alors
nous aurons certainement une belle vie, peu importe où va le bus.
— Jim Collins

« Faites de chacun un héros. Se rappeler de reconnaitre, récompenser et célébrer les accomplissements est une compétence de leadership critique. Et c'est probablement l'outil de motivation le plus sous-utilisé dans les organisations. Il n'y a pas de limite à la reconnaissance que vous pouvez offrir, et c'est souvent gratuit. »
— Rosabeth Moss Kanter

Il y a plusieurs années, Marvin Weisbord (spécialiste en développe-ment organisationnel) a déterminé qu'il existait trois questions centrales que les membres d'une équipe se posaient.
1. **Êtes-vous dans le « in group » ou dans le « out group »**? Si vous êtes accepté et impliqué dans l'équipe, vous aurez tendance à vous y investir. Vous développerez un sentiment d'appartenance et vous vous sentirez imputable des résultats à atteindre par l'équipe. Lorsque vous sentez que vous avez votre place dans une équipe, vous déployez des efforts pour atteindre les objectifs communs, vous mettez vos compétences à la disposition de l'équipe et vous avez tendance à coopérer avec vos coéquipiers.

Si vous faites partie du « out-group », vous ne vous sentez pas admis ou bien intégré à l'équipe. Vous êtes plus enclin à vous isoler et à mener votre propre barque sans vous préoccuper des autres. La collaboration est moins fluide et vous êtes plus méfiant.

Selon les psychologues Roy Baumeister et Mark Leary, **le besoin d'appartenance est fondamental pour l'existence humaine.** Leurs recherches soulignent qu'un sentiment d'appartenance prédit la santé physique, émotionnelle et spirituelle, le bonheur, le succès et même la longévité. Donc, lorsque les gens sont exclus de leur équipe de travail, on leur refuse tout ce qui est essentiel à la vie. Exclure quelqu'un, même si ce n'est pas intentionnel, est une forme de violence psychologique.

Comparativement au « out group », **les membres du « in group » ont plus d'attention, de ressources et de responsabilités de la part du leader**, lequel a aussi tendance à les inclure davantage dans les prises de décisions. Il existe donc une prophétie auto-réalisatrice pour les deux groupes : une positive pour le « in group » et une négative pour le « out group ».

2. **Possédez-vous du pouvoir et du contrôle?** Si oui, vous vous sentez plus important et êtes à l'affut des possibilités qui s'offrent à vous. Vous avez l'impression d'avoir votre mot à dire et de pouvoir influencer les décisions de l'équipe. Vous êtes donc plus enclin à vous impliquer en sachant que vos coéquipiers vous écoutent et sont ouverts à vos propositions, idées et initiatives.

3. **Pouvez-vous utiliser vos compétences et être apprécié grâce à celles-ci?** Si oui, vous vous sentez valorisé et à l'aise au sein de votre équipe. Lorsque vos coéquipiers connaissent vos forces et vous identifient comme une référence dans un domaine, vous sentez que vous avez votre place et votre raison d'être dans l'équipe.

Est-ce que cela vous dit quelque chose? Comment répondriez-vous à ces questions?

Si elles ont retenu votre attention, c'est parce que vous avez compris leur importance. Les personnes qui se sentent acceptées et impliquées dans l'équipe ont tendance à s'y investir. Ces membres du « in group » développent un sentiment d'appartenance et se sentent responsables des résultats de l'équipe. **Lorsque les gens sentent qu'ils ont une place dans une équipe, ils travaillent pour atteindre les objectifs de l'équipe.** Ils mettent leurs compétences à la disposition de l'équipe et coopèrent avec leurs coéquipiers. En revanche, les personnes qui font partie du « out group » ne se sentent pas acceptées ou intégrées à l'équipe. Elles sont plus enclines à s'isoler et à faire leurs affaires de leur côté sans se soucier des autres. Ces personnes collaborent moins parce qu'elles estiment que ce qu'elles ont à offrir n'est pas valorisé.

De plus, **une prophétie auto-réalisatrice peut émerger** : le chef d'équipe considère que les membres du groupe sont plus impliqués et leur accorde en retour plus d'attention, de soutien, de ressources et de responsabilités. En conséquence, leur performance et leur niveau de confiance augmentent, ce qui permet de confirmer les attentes du leader vis-à-vis des salariés. Le contraire tend à être vrai pour les membres du « out group » : le leader peut développer de faibles attentes à leur égard, leur offrir moins de soutien, moins de travail stimulant et moins de ressources. Par conséquent, ces employés peuvent se sentir moins motivés et moins confiants dans leur capacité à faire le travail. Cela affecte négativement leur niveau de performance, ce qui confirme les faibles attentes du leader.

Vous n'êtes peut-être pas le chef de votre équipe, mais **en tant que membre de l'équipe, vous partagez la responsabilité de son succès.** Votre équipe est-elle juste un amalgame de personnes qui font leur travail, mais qui n'interagissent jamais vraiment en tant que groupe? Si oui, gardez à l'esprit que le sens de l'esprit d'équipe ou de la communauté est quelque chose qui doit être délibérément cultivé. Cela n'arrive pas seul. Voici quelques idées pour contribuer à l'esprit d'équipe en tant que joueur d'équipe :

- Essayez d'inclure tout le monde dans votre groupe. Faites un effort particulier pour inclure tous les membres de l'équipe. Ne pas ostraciser ou exclure les autres. Découragez activement la formation de sous-groupes et de cliques. Les gens peuvent exprimer leurs préférences pour socialiser avec certaines personnes pendant leur temps libre, mais ils doivent reconnaitre que la poursuite de ces relations préférentielles au travail mine le travail d'équipe. Si vous êtes le leader du groupe, donnez à tous les membres le même accès à vous-même, vos commentaires, vos ressources et vos opportunités de développement. De plus, répartissez les tâches de façon équitable et permettez le mélange des employés.

- Essayez d'aider les autres à réussir. Rendez à César ce qui appartient à César; mettez les autres à l'honneur plutôt que vous-même. Cela favorisera la qualité des relations et fournira la motivation pour vous soutenir dans le futur.

- Aidez les autres à reconnaitre leur propre importance. Fournissez-leur des informations, des compétences, des responsabilités et une autorité suffisantes pour qu'ils puissent devenir des travailleurs autonomes. Célébrez leurs succès!

- Ne blessez et ne rabaissez jamais, et ne soyez pas punitif envers les gens. Montrez de la patience et de la politesse envers ceux qui ne s'expriment pas de la même manière que vous. Blesser les gens ne les aide pas à mieux apprendre; cela réduit au contraire leur confiance et augmente leur sentiment d'échec. Voici quelques comportements qui pourraient blesser ou rabaisser les autres :
  o Parler derrière leur dos.
  o Les ridiculiser.
  o Discuter de leurs insuffisances avec les autres.
  o Ne pas prêter attention à eux ou à leurs suggestions.
  o En les insultant devant les autres.

- o Les punir avec des tâches avilissantes.
- o Les encourager à essayer, puis les bousculer quand ils échouent.
- **Soyez sincèrement intéressé par les personnes qui travaillent avec vous.** Essayez d'apprendre à connaitre les autres membres de l'équipe et laissez-les apprendre à vous connaitre. Partagez vos points de vue et essayez de bien travailler avec les autres. Impliquez-vous avec vos coéquipiers. Soyez prêt à participer aux activités de l'équipe (au travail et en dehors du travail).
- **Ne vous inquiétez pas si un conflit survient dans votre équipe; c'est normal.** Mais s'il persiste, cela pourrait faire dérailler votre équipe. Essayez donc d'y répondre directement et établissez des règles de base sur le fonctionnement de l'équipe (définissez les rôles, les responsabilités et tout ce dont vous avez besoin pour que l'équipe soit sur la bonne voie).
- **Faites votre part du travail (et peut-être plus).** Ne soyez pas un paresseux qui compte sur les autres pour faire le travail pour vous. Cela engendre le ressentiment et vous rattrapera tôt ou tard. Les gens en ont assez d'entendre les excuses et justifications de coéquipiers pour ne pas avoir fait leur travail. Personne ne veut avoir la réputation d'être un fainéant paresseux qui en fait le moins possible.
- **Préparez-vous pour les réunions, et assistez aux réunions qui sont convoquées** (et RSVP si vous ne pouvez absolument pas y assister). Arrivez à l'heure et soyez attentif. Ce n'est pas le moment de sortir vos cellulaires, vos pages Facebook, vos journaux, vos *lunchs* ou vos coupe-ongles. Participer activement, c'est être prêt à contribuer plutôt que de compter sur les autres pour faire l'effort de prendre les choses en main. Essayez de trouver le juste milieu quand il y a des perspectives différentes.

- **Cultivez la capacité de travailler de façon autonome**, plutôt que de dépendre de votre superviseur pour la direction, l'orientation et l'encouragement. Développez et améliorez continuellement vos compétences et motivez-vous afin que votre superviseur puisse vous déléguer du travail en toute confiance (sans avoir à vous le rappeler, à vous surveiller de près, etc.).
- **Prenez la responsabilité des problèmes auxquels vous avez contribué et trouvez des solutions.** Ne cherchez pas à blâmer les autres ou à éviter d'admettre vos erreurs. Ce n'est pas productif.
- **Donnez à chacun la possibilité de prendre des décisions.** N'insistez pas pour tout faire à votre façon. Donnez aux gens des choix, en particulier en ce qui concerne la mise en œuvre des décisions. Encouragez les autres à s'exprimer.

Aussi, ne vous concentrez pas sur les détails à l'exclusion de la situation d'ensemble; il faut voir à la fois les arbres et la forêt.

Le silence ne signifie pas nécessairement un accord. Peut-être que certaines personnes ont juste abandonné. Considérez que même si le résultat d'une décision est bon, si le processus menant au résultat était désagréable, injuste ou partial, alors les gens remettront en question le résultat. Contrairement à ce que Machiavel pourrait dire, la fin ne justifie pas les moyens.

Évaluez l'impact des décisions d'équipe sur les autres; assurez-vous que vos décisions rationnelles tiennent également compte des autres. Les gens ont du mal à accepter quelque chose qui leur fait perdre de l'estime, des ressources ou des relations.

Ne vous précipitez pas pour prendre des décisions en équipe, mais ne retardez pas non plus une décision inutilement. Trouvez le juste milieu qui vous permet de réfléchir aux décisions tout en vous assurant qu'elles sont opportunes.

Voici votre défi

Je vous invite à penser à une équipe dont vous êtes membre et dans votre journal de bord :

1. Répondez aux trois questions présentées au début de cet exercice (« Suis-je dans le "» in group" »? » etc.).

2. Décrivez ce qui vous rend heureux dans le fait d'être membre de cette équipe? Malheureux? À quel point est-ce important pour vous de faire partie du groupe, de ressentir un sentiment de pouvoir et que vos compétences et vos connaissances soient appréciées?

3. Y a-t-il des cliques ou des coalitions dans votre équipe? Y a-t-il des personnes qui semblent être exclues des discussions, des activités de groupe et d'autres évènements?

4. Comment sont prises les décisions?

5. Décrivez trois mesures que vous prendrez cette semaine pour :

    a) Vous sentir plus inclus, valorisé et influent sur votre équipe. Par exemple, participez à des évènements d'équipe, faites du bénévolat pour des projets stimulants et exprimez vos opinions lors de réunions.

    b) Contribuer à un esprit d'équipe positif. Par exemple, envoyez un message de félicitations aux membres de l'équipe qui ont terminé avec succès un projet.

    c) Aider une personne qui semble être laissée pour compte à se sentir valorisée, incluse et réussie. Par exemple, prenez le temps de la connaitre, sollicitez son point de vue sur une situation et demandez-lui comment elle va.

Mettez en œuvre ces actions et suivez vos efforts et résultats dans votre journal de bord.

Réflexion

Répondez aux questions suivantes dans votre journal de bord.

1. Qu'est-ce qui a été le plus difficile dans cet exercice?
2. Quel a été votre succès?
3. Quelles ont été les réactions des autres?
4. Quelles leçons avez-vous apprises en faisant cet exercice?

Plan d'action

Dans votre journal de bord, décrivez les trois actions précises que vous prendrez dorénavant pour (a) vous sentir inclus, valorisé et influent sur votre équipe, (b) contribuer à un esprit d'équipe positif, et (c) inclure et impliquer des personnes qui semblent être dans le « out group ». Indiquez les actions et les échéanciers spécifiques et comment vous évaluerez si vous avez terminé votre plan avec succès.

19

Êtes-vous un bon suiveur?

« Les grands hommes se sont presque toujours montrés aussi prêts à obéir à quelqu'un qu'ils se sont ensuite révélés aptes à commander. » — Lord Mahon

« Chaque leader doit commencer par être un employé. » — James L. Clark

Voici un fait incontournable : le *followership* vient avant le leadership. **Pour être un employé formidable, vous devez d'abord être un bon suiveur.** Certaines personnes se voient comme des leaders nés et veulent sauter l'étape consistant à suivre les autres. Elles veulent faire à leur tête et ont donc du mal à obéir à des directives et à apprendre des autres.

Mais, comme Tim Ferriss le mentionne : « Nous pouvons être sûrs de quelques réalités fondamentales : 1) vous n'êtes pas aussi bon ou aussi important que vous ne le pensiez; 2) vous avez une attitude qui doit être réajustée; 3) la plupart des choses que vous pensez savoir sont dépassées ou fausses. Il n'y a pas de façon fabuleuse de faire tout cela en dehors de vos systèmes : attachez-vous à des personnes et des organisations qui réussissent déjà. »

Tim Ferriss suggère ainsi que les suiveurs partagent de nouvelles idées à leur leader, en particulier concernant la façon d'éliminer le gaspillage, d'améliorer le fonctionnement de l'équipe, d'exprimer leur intérêt pour faire des tâches que personne ne veut faire et de travailler particulièrement fort. Que pensez-vous de son conseil?

Pour sa part, Barbara Kellerman, professeure à l'Université Harvard, a identifié cinq types de suiveurs en fonction de leur niveau d'engagement allant de « ne rien faire du tout » à « être passionnément engagé et profondément impliqué ». Les cinq types de suiveurs sont donc les isolés, les spectateurs, les participants, les activistes et les missionnaires.

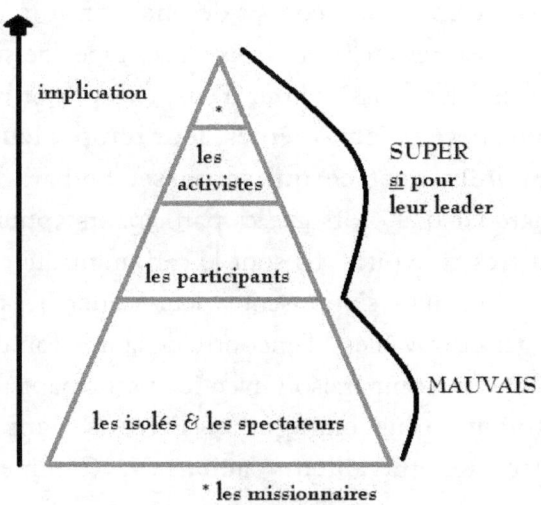

Cette experte mentionne que les deux premiers types (les isolés et les spectateurs), qu'elle considère comme de mauvais suiveurs, ont tendance à passer sous le radar. **Les isolés sont détachés, indifférents, ne s'impliquent pas et passent inaperçus, en particulier dans les grandes organisations.** La chercheuse mentionne que « ces suiveurs ne sont guère conscients de ce qui se passe autour d'eux [;] ils ne se soucient pas de leurs leadeurs, d'en apprendre à leur sujet ».

Les spectateurs observent et savent ce qui se passe, mais choisissent de ne pas y participer, car ceci leur demande trop de temps, d'efforts ou de risques. Selon Barbara Kellerman, « ces passagers clandestins se détournent délibérément et se désengagent, tant de leur leader que de leur groupe ou de leur organisation. Ils peuvent s'aventurer passivement quand ils ont intérêt à le faire, mais ils ne sont pas motivés à s'engager de manière active. »

Pour ces deux types d'employés, Barbara Kellerman suggère que les leadeurs se demandent : (1) pourquoi ils se sont éloignés de l'équipe et (2) comment les impliquer dans l'équipe de nouveau, peut-être en ayant recours à des incitatifs.

En revanche, les trois autres types de suiveurs sont engagés dans ce qui se passe autour d'eux. **Les participants, par exemple, s'investissent (eux-mêmes, leur temps, leurs ressources, etc.) pour influencer ce qui se passe.** Barbara Kellerman nous fait remarquer que « lorsque les participants appuient leurs leaders, ils sont très convoités. Ils sont le carburant qui alimente le moteur. » Mais, lorsqu'ils s'opposent à leur leader, ils pourraient créer des ravages et travailler à l'encontre de la mission de l'équipe.

En comparaison avec les participants, **les activistes sont beaucoup plus engagés et investis dans l'équipe, en plus d'être des travailleurs acharnés.** Comme la professeure de Harvard le mentionne, « les activistes qui sont aussi loyaux que compétents et engagés sont fréquemment dans le cercle interne du leader, simplement parce qu'il est possible de compter sur eux et qu'ils consacrent leurs heures de travail (habituellement longues) à la mission telle que leur leader la voit ».

Au plus haut niveau d'engagement se trouvent les missionnaires, rares et « disposés, par définition, à mettre en danger leur propre bien-être au service de leur cause », comme le souligne Barbara Kellerman.

Pour ces trois derniers types de suiveurs, la question clé à se poser est : « Sont-ils pour ou contre leur leader? » C'est ce qui fera toute la différence!

Voici votre défi

Je vous invite à considérer dans quelle mesure vous êtes un bon suiveur. Pensez à une situation dans laquelle vous êtes un suiveur (au travail, à l'école, à la maison ou ailleurs). Réfléchissez aux réponses que vous pouvez fournir aux questions suivantes et notez-les dans votre journal de bord.

1. Dans quelle mesure avez-vous tendance à suivre les instructions des autres? Par exemple, si quelqu'un dit « décrivez les solutions dans votre rapport », négligez-vous de le faire? Faites-vous simplement ce que vous pensez être bon?

2. Avez-vous toujours respecté les délais? Le faites-vous sans avoir à vous dépêcher à la dernière minute? (Ou bien êtes-vous victime de l'idée que vous faites du meilleur travail à la dernière minute ou encore que les « délais sont seulement des lignes directrices »?)

3. Avez-vous tendance à faire votre travail de manière relativement indépendante et à respecter de hauts standards afin que votre leadeur ne soit pas obligé de vous suivre en permanence et de vous aider? (Ou bien faites-vous le minimum, et ce, seulement après une incitation constante?)

4. Quels efforts spéciaux faites-vous pour vous aider et pour aider votre leadeur – en le challengeant de manière polie lorsque nécessaire? (Ou avez-vous tendance à reculer, à lui résister et à le critiquer? Êtes-vous « pour ou contre » votre leader? Il peut le savoir!)

5. Que faites-vous pour bien vous entendre, collaborer et établir des relations positives avec votre leader et vos collègues? (Ou attendez-vous qu'ils viennent à vous? Minimisez-vous vos efforts? Insistez-vous pour suivre votre propre voie et éviter les autres?)

6. Êtes-vous engagé et prêt à contribuer au succès de l'équipe? (Ou bien vérifiez-vous votre cellulaire, l'horloge ou votre horaire personnel pendant les réunions?)

7. À quelle fréquence proposez-vous de nouvelles idées pour savoir comment faire les choses de manière plus efficiente ou efficace? (Ou avez-vous plutôt tendance à vous plaindre de ce que vous n'aimez pas?)

8. Avez-vous tendance à proposer de faire des tâches que les autres trouvent moins intéressantes? (Ou bien choisissez-vous uniquement les tâches que vous voulez faire ou bien les tâches faciles?)

9. Êtes-vous enthousiaste et optimiste? Que faites-vous pour être un exemple constructif pour les autres? (Ou êtes-vous grincheux ou pessimiste? Êtes-vous la personne « problème »?)

10. Dans quelle mesure planifiez-vous votre travail et prenez-vous des initiatives pour déterminer ce que vous attendez de vous-même? Avez-vous une bonne éthique de travail? (Ou vous attendez-vous à ce que d'autres fassent tout cela pour vous? Essayez-vous de vous en sortir en faisant le moins de travail possible?)

11. Essayez-vous d'apprendre en toutes circonstances? (Ou pensez-vous que vous n'avez plus rien à apprendre?)

12. Êtes-vous diligent et automotivé? (Ou êtes-vous paresseux et devez-vous être constamment encouragé par votre leader?)

Si vous voulez, vous pouvez discuter de ces questions avec votre patron. Cela pourrait vous aider à comprendre son point de vue quant à votre capacité à suivre. Il pourrait également vous dire ce que vous pouvez faire pour devenir un meilleur suiveur. Si vous êtes un leadeur, vous pouvez discuter de ces questions avec les membres de votre équipe afin d'ouvrir la discussion sur vos attentes respectives.

Réflexion

Répondez aux questions suivantes dans votre journal de bord afin d'alimenter votre réflexion.

1. Qu'est-ce que vos réponses révèlent à propos de vous-même en tant que suiveur?

2. En tant que leader, souhaiteriez-vous avoir une équipe de suiveurs à votre image? Pourquoi?

3. Qu'est-ce que votre façon de suivre dit sur vos capacités en tant que leader?

Plan d'action

Dans votre journal de bord, décrivez les trois actions vous prendrez dorénavant pour devenir un meilleur suiveur. Indiquez les actions et les échéanciers spécifiques et comment vous évaluerez si vous avez terminé votre plan avec succès.

20

Quel genre de leader êtes-vous? Trop « chaud » ou bien trop « froid »?

« Allez vers les gens. Vivez avec eux. Apprenez d'eux. Aimez-les. Débutez avec ce qu'ils savent. Avec les meilleurs leadeurs, lorsque le travail est terminé et la tâche accomplie, les gens diront : "Nous l'avons fait nous-mêmes. " Pour diriger les gens, marchez derrière eux. » — Lao Tzu

« Devenez le genre de leadeur que les gens suivraient volontairement, même si vous n'aviez pas de titre ou de poste. » — Brian Tracy

Comment aimez-vous votre gruau? Chaud? Froid? Tiède? Tout comme il y avait un gruau parfaitement réchauffé et un lit confortable pour Boucle d'or dans *Boucle d'or et les trois ours*, il y a aussi une « quantité parfaite » de leadership à offrir aux autres.

Si nous considérons le leadership comme une combinaison de soutien et de direction, les leaders doivent trouver le juste équilibre entre ces deux comportements. Trop de soutien et d'encouragements peuvent être étouffants, mais pas assez peut s'avérer décourageant et démotivant. De même, beaucoup de directives et des ordres stricts peuvent amener les gens à se sentir dévalorisés. Par contre, pas assez de direction et de clarification des attentes peuvent faire en sorte qu'ils se sentent perdus.

Les approches classiques du leadership telles que la grille de leadership de Robert Blake et Jane Mouton encouragent les leadeurs à offrir une quantité colossale de soutien et de direction à tous les membres de leur équipe. Les partisans de ce modèle pensent que les meilleurs leaders soutiennent énormément et fournissent un maximum de directives aux membres de leur équipe. Ce style *maximaliste* est contrastant avec : (1) l'approche *minimaliste* (« laissez-les travailler sans tracas ») propre à la délégation qui offre peu d'encouragements ou de direction aux membres de l'équipe (2) l'approche club social (« je suis ici pour vous soutenir ») qui met l'accent sur la relation aux dépens de la réalisation du travail et (3) le modèle de commandement et de contrôle dans lequel le leadeur informe les membres de l'équipe sur le travail à faire en donnant des instructions précises sur la façon de le réaliser.

Remarquez bien que **chaque style peut être approprié selon les circonstances.** Par exemple, dans un cas d'urgence, le modèle de commandement et de contrôle est requis. Cela dit, si Roger délègue du travail à tous les membres de son équipe de la même façon, certains pourront ne pas savoir quoi faire et d'autres ne se sentiront pas motivés par cette délégation. Pour reprendre la métaphore, le gruau peut être trop chaud ou trop froid en fonction des attentes, des goûts et des besoins des collaborateurs. Fait intéressant selon Paul Hersey et Ken Blanchard : **les jeunes et les nouveaux leaders ont tendance à utiliser le style *maximaliste* parce qu'ils ont peur que les autres aient l'impression qu'ils manquent de leadership s'ils ne fournissent pas beaucoup de direction et de soutien.** Malheureusement, lorsque ce style *maximaliste* est utilisé dans toutes les circonstances, il devient super démotivant. Les collaborateurs voient leur leader comme autoritaire et bien trop présent. Comme le dit Ken Blanchard : « **Trop de coaching tue le coaching!** » Le leader qui utilise le style *maximaliste* dans toutes les situations se retrouve alors à coacher inadéquatement les collaborateurs dont le niveau de développement est soit très faible (débutant enthousiaste), soit très élevé (expert sénior et efficace). Ainsi, contrairement à la grille de leadership de Robert Blake et Jane Mouton, le style *maximaliste* n'est pas universellement approprié. Que faire alors?

Eh bien, commençons par considérer le point de vue du psychiatre William Glasser : **nous ne devrions jamais faire pour les autres ce qu'ils peuvent faire eux-mêmes.** Faire autrement serait comme les infantiliser ou leur dire que nous pensons qu'ils sont incapables de faire ce qu'ils ont à faire. Ceci ne leur enseignera jamais comment faire quelque chose et ne les aidera pas à développer leur confiance en soi. Par exemple, si Roxanne aide toujours Roger à résoudre ses problèmes interpersonnels, il n'apprendra jamais à les résoudre par lui-même. Il ne passera pas de la phase dépendante à la phase indépendante (et finalement à la phase interdépendante). Elle ne lui rendrait pas service en l'aidant constamment. Maintenant, imaginez si Roxanne commençait à inciter Roger à réfléchir à ses problèmes en posant des questions sur ce qu'il veut dans ces situations. Cela pourrait le pousser à prendre en mains ses problèmes et de les résoudre peu à peu par lui-même.

La théorie du leadership situationnel de Ken Blanchard s'inscrit également dans ce principe : **les leaders doivent offrir autant de soutien et de direction que ce dont ont besoin les membres de l'équipe pour une tâche particulière.** Cela signifie **que les leaders doivent adapter leur style de leadership non seulement pour chaque employé, mais aussi pour chaque tâche.**

Selon Ken Blanchard, « n'importe quel style peut être efficace ou inefficace selon le degré de maturité professionnelle des collaborateurs. Le problème le plus fréquent est le comportement stéréotypé du leadeur qui répond de la même façon en toutes circonstances. » Également, Roger pourrait être super compétent et motivé pour exécuter la tâche A, mais il pourrait ne rien savoir sur l'exécution de la tâche B. Quand il s'agit de leadership, un modèle unique ne convient pas forcément à tous!

Pour appliquer le modèle de Ken Blanchard, les leaders doivent suivre ce processus :

1. **Identifier la tâche que l'employé doit accomplir.**
2. **Déterminer le niveau de compétence de l'employé** (sait-il quoi faire et comment le faire, est-il capable d'accomplir la tâche sans direction ou a-t-il besoin de feed-back et d'une orientation constante?) **et son niveau de motivation** (est-il enthousiaste et motivé ou a-t-il besoin que vous soyez son *cheerleader* ou sa source active de soutien?) **en relation avec cette tâche**

spécifique. Selon la théorie du leadership situationnel, il existe quatre grands niveaux de compétence :

Niveau 1 — faible compétence, faible motivation

Niveau 2 — faible compétence, mais grande motivation

Niveau 3 — assez compétent, mais peu motivé

Niveau 4 — super compétent et super motivé

3. **Déterminer le style à adopter.** Conformément à l'idée que *vous ne devriez fournir à vos collaborateurs que ce qu'ils peuvent fournir pour eux-mêmes*, un employé au niveau 1 devrait obtenir la dose maximale de direction et de soutien (le style *maximaliste*). Ceux du niveau 2 devraient recevoir beaucoup d'orientation et de direction, mais très peu d'encouragements externes (puisqu'ils sont déjà motivés). Les collaborateurs qui se situent au niveau 3 sont à l'inverse du niveau 2; ils devraient donc recevoir beaucoup de soutien, mais peu de direction (ils savent quoi faire, mais sont découragés d'une certaine façon). Enfin, les collaborateurs les plus développés, ceux du niveau 4, ont besoin de très peu d'orientation et de soutien : la délégation est de mise. Ainsi, contrairement au modèle de Robert Blake et de Jane Mouton, le leadership situationnel suggère que le style *maximaliste* ne convient qu'avec des collaborateurs « novices » qui se situent au niveau 1. Pour les collaborateurs « modèles », ceux qui sont à la fois compétents et motivés, le style maximaliste serait excessif, décourageant, voire insultant! Vous devez donc déléguer et lâcher prise avec les collaborateurs au niveau 4 (c'est à dire, contrôler votre besoin d'intervenir dans leur travail et d'être constamment présent).

4. **Discuter avec l'employé du style que vous allez utiliser.** Ceci permettra de moduler ses attentes et de vous conforter dans votre choix de style. Ceci pourrait aussi ouvrir la porte à des discussions qui amélioreront la relation ainsi que la satisfaction des parties!

5. **Essayer de développer vos collaborateurs et, donc, de diminuer graduellement votre niveau de direction et de soutien.** Espérons qu'en tant que leadeur vous aiderez vos collaborateurs à développer leurs compétences et leur auto-motivation pour toutes leurs tâches afin qu'ils puissent devenir des indépendants et à haut fonctionnement (niveau 4). Comment pouvez-vous vous y prendre? Tout d'abord, vous devez offrir le bon niveau de leadership en fonction du niveau de compétence et de motivation de vos collaborateurs. Deuxièmement, vous devez : (a) donner aux collaborateurs une responsabilité croissante et une indépendance au fur à mesure qu'ils deviennent plus compétents; et (b) réduire la quantité d'encouragements et de soutien que vous offrez au fur et à mesure que leur motivation croît.

Une façon utile d'imaginer le niveau de développement des collaborateurs est de considérer que chacun d'entre eux possède deux ascenseurs pour chaque tâche — un pour leur niveau de motivation et un pour leur niveau de compétence.

- Quand un employé se trouve au dernier étage des deux ascenseurs, il peut s'auto-motiver entièrement sans devoir être encouragé et il est tellement compétent qu'il pourrait enseigner aux autres comment faire le travail. Comme vous pouvez l'imaginer, vous voudrez simplement déléguer du travail à cet employé plutôt que le surveiller étroitement ou le soutenir.
- Toutefois, si l'employé se trouve au sous-sol (pour les deux ascenseurs), il est totalement démotivé et incapable de faire ses tâches sans surveillance constante. Donc, vous devrez essayer de fournir une grande direction et des encouragements à ce collaborateur.

- Si les deux ascenseurs de motivation et de compétence sont entre ces deux étages, disons à l'étage 1, vous devrez fournir un peu de direction et d'encouragements.
- En fin de compte, le but est que vos collaborateurs deviennent plus autonomes et atteignent l'étage 3 pour les deux ascenseurs.

À quel étage se situe votre ascenseur d'auto-motivation?		À quel étage se situe votre ascenseur de compétence?
Super auto-motivé! Offre du soutien et des encouragements à autrui.	**3**	Super compétent. Peut développer et diriger le travail d'autrui
Très auto-motivé! Aucune motivation externe nécessaire.	**2**	Très compétent. Peut réaliser le travail sans aide.
Généralement auto-motivé. A besoin de soutien et d'encouragements externes sur une base occasionnelle.	**1**	Généralement compétent. Peut réaliser le travail avec très peu d'aide.
Peu auto-motivé. Beaucoup de soutien et d'encouragements nécessaires, mais pas d'une façon constante.	**R**	Peu compétent. Peut réaliser le travail avec du feed-back continu.
Zéro auto-motivation! Soutien et encouragements maximaux et constants nécessaires.	**SS**	Pas du tout compétent. A besoin de beaucoup de directions précises (quoi faire, comment faire, etc.).

6.   **Intervenir lorsque vous constatez des baisses dans l'un ou l'autre de ces ascenseurs.** Agissez immédiatement pour soutenir vos collaborateurs en choisissant un style qui est assez proche du style que vous utilisiez préalablement (évitez de changer votre style de leadership d'une façon radicale).

Connaitre le leadership est super important pour vous en tant qu'employé formidable.

- Cela vous aidera à comprendre et à influencer la façon dont votre superviseur vous guide.
- Cela vous encouragera à développer vos compétences et votre motivation personnelle afin que votre leader puisse simplement vous déléguer le travail (ce qui vous donnera plus d'influence et d'autonomie).
- En outre, connaitre le leadership vous aidera à développer vos propres compétences en leadership. Parfois, en tant qu'employé, vous devez aider les autres employés à faire leur travail (lorsqu'il y a de nouveaux employés ou lorsque vous êtes le superviseur intérimaire).

Voici votre défi en deux parties

Partie 1

Je vous invite à réfléchir aux styles de leadership mentionnés ci-dessus. Nous avons tous des préférences quant à la façon d'être *leadé* et d'être *leadeur*. Nous avons tendance à utiliser l'approche ou le style de leadership que nous préférons. Par exemple, si Roger préfère avoir un leader qui lui délègue du travail, parce qu'il sait quoi faire et comment maintenir sa motivation, il aura tendance à toujours utiliser cette approche avec ses propres collaborateurs. Alors, quel est votre style de leadership préféré? Répondez aux questions suivantes dans votre journal de bord pour le découvrir :

1. Parmi les quatre styles, lequel préfèreriez-vous que votre leader adopte? Pourquoi?
2. Quel style utiliseriez-vous pour *leader* votre équipe? Pourquoi?
3. Quelle est la flexibilité de votre leadership (c'est-à-dire votre capacité à varier votre style selon la situation)? Si vous deviez évaluer votre niveau d'adaptabilité sur une échelle de 1 à 10, quel score vous donneriez-vous? Pourquoi?
4. Quelle est l'efficacité de votre style de leadership? En d'autres termes, dans quelle mesure (sur une échelle de 1 à 10) avez-vous tendance à choisir le style de leadership qui correspond le mieux au niveau de développement des membres de votre équipe?
5. En tant que membre d'équipe, que faites-vous pour améliorer activement votre niveau de compétence et d'auto-motivation afin que votre leader puisse appliquer un style de leadership *minimaliste* (délégation)? Avez-vous déjà parlé avec votre leader de son style de leadership en fonction de vos capacités, besoins et attentes?

Partie 2 (optionnel)

À quelle fréquence avez-vous discuté avec votre superviseur de son style de leadership? Par exemple, lorsque le superviseur de Coco est revenu d'un atelier sur le leadership, il a commencé à tellement s'attarder dans le bureau de Coco que cela entravait son travail. Quand elle l'a interrogé à ce sujet, il a dit qu'il avait appris l'importance de la gestion de la MBWA (*management by walking around*) en se promenant et en étant accessible, alors c'est ce qu'il faisait. Il est un introverti, et on lui a dit que les introvertis devraient cesser d'utiliser MBCD (*management by concentrated desk time*) et commencer à faire ce que les extravertis ont tendance à faire : MBWA. Mais Coco avait l'impression qu'il la surveillait. Il ne s'est pas rendu compte que son approche fût NST (nuisant à son travail).

Elle se sentait suffoquée et sa présence la distrayait de son travail. Coco avait l'impression que son superviseur ne lui faisait pas confiance pour faire son travail. Finalement, elle a pris l'initiative d'avoir une discussion avec lui, et il a accepté de revenir à son ancienne façon de gérer : MBCD.

Parfois, les employés oublient qu'ils doivent gérer la façon dont ils sont gérés. **Les employés formidables prennent l'initiative de clarifier les attentes et les niveaux d'autorité, de tenir leurs superviseurs informés, de négocier les ressources et les outils dont ils auront besoin pour faire du bon travail, etc.** Ils n'attendent pas seulement passivement d'être menés. Les employés fantastiques sont proactifs et positifs dans leurs interactions avec leur superviseur. Et ils sont faciles à diriger — ils savent quoi faire et peuvent faire les choses sans l'intervention ou le soutien constant de leur superviseur.

Maintenant que vous avez pris le temps de vous approprier le modèle de leadership, la prochaine étape consiste à montrer à votre superviseur comment le modèle fonctionne et à discuter de ce que vous avez écrit en réponse aux questions de votre défi. En outre, découvrez quelles sont les perceptions de votre superviseur. Voici des questions qui vous pouvez lui poser :

1. Quels styles de leadership a-t-il tendance à utiliser avec vous?
2. À quel étage vos ascenseurs d'auto-motivation et de compétence se sont arrêtés pour vos trois principales responsabilités professionnelles?
3. Que devez-vous faire pour améliorer votre niveau de compétence et votre motivation personnelle afin que vos ascenseurs puissent atteindre le dernier étage?
4. Quel est votre style de leadership lorsque vous devez le démontrer (par exemple, lorsque vous formez de nouveaux employés)?

5. Dans quelle mesure votre style de leadership est-il flexible et efficace (êtes-vous capable d'adapter votre approche aux besoins des autres)?

Prenez note de votre discussion dans votre journal de bord.

Réflexion

Répondez aux questions suivantes dans votre journal de bord afin d'alimenter votre réflexion.

1. Quelles sont les forces et les faiblesses possibles liées à vos préférences quant à la façon dont vous êtes *leadé* et la façon dont vous *leadez*?

2. Compte tenu de ce que vous avez écrit dans la première partie de cet exercice, quels sont les défis possibles que votre leadership pourrait présenter à l'avenir?

3. Comment le leader idéal devrait-il « servir » son leadership? Expliquez.

4. Comment les employés peuvent-ils aider leur leader à choisir un style de leadership qui correspond à leur niveau de développement?

5. Dans la partie 2, comment s'est passée votre discussion avec votre superviseur? Comment votre superviseur a-t-il réagi à vos réponses aux questions? Comment votre superviseur a-t-il répondu à la série de questions? Quels « accords » avez-vous faits? (optionnel)

Plan d'action

Dans votre journal de bord, décrivez les trois actions précises que vous prendrez dorénavant pour (a) devenir plus compétent et motivé à l'égard de vos principales responsabilités, (b) communiquer avec votre superviseur au sujet de son style de leadership, et (c) développer un style de leadership qui vous convient et qui est approprié pour les autres. Indiquez les actions et les échéanciers spécifiques et comment vous évaluerez si vous avez terminé votre plan avec succès.

PARTIE 5 : S'ADAPTER AUX CHANGEMENTS

21

Quel est le « top 5 » de vos stratégies pour faire face au stress?

« Adopter la bonne attitude peut transformer un stress négatif en un stress positif. » — Hans Selye

« De temps en temps, partez, faites un peu de relaxation, car lorsque vous reviendrez à votre travail, votre jugement sera plus sûr. Partez à une certaine distance, car le travail semble plus petit, peut être saisi en un coup d'œil et un manque d'harmonie et de proportion est plus facilement vu. » — Léonard de Vinci

Sur une échelle de 1 à 10, quel est votre niveau de stress habituel?

Selon Richard Lazarus et Susan Folkman, le stress est une « transaction entre la personne et l'environnement dans laquelle la situation est évaluée par l'individu comme excédant ses ressources et pouvant mettre en danger son bien-être ». C'est pourquoi deux personnes, comme Coco et Bob, peuvent se trouver dans la même situation et avoir un niveau de stress différent : Coco peut se sentir stressée et Roger peut se sentir à l'aise. Coco est confrontée à un écart entre les exigences qui lui sont imposées et sa capacité à faire face aux exigences. Le stress la déstabilise, et ce, de quatre façons différentes : elle ne sent pas **en _c_ontrôle de la situation, la situation est _i_mprévisible, _n_ouvelle et/ou menace son _é_go**.

Ces quatre causes du stress peuvent être représentées par l'acronyme C.I.N.É. dans le domaine du stress au travail. Selon le Centre d'études sur le stress humain (CESH), le C.I.N.É. est la recette universelle pour le stress.

Faire face au stress est une facette du rôle de l'employé. Peter Harms, professeur à l'Université de l'Alabama, et ses collaborateurs ont analysé les résultats d'études impliquant près de 50 000 employés répartis dans 25 pays. Ils ont trouvé que **les employés qui ont du mal à faire face au stress passager ou chronique (épuisement professionnel) ont tendance à avoir un rendement et une satisfaction au travail réduits, plus d'accidents de travail et de comportements de retrait, une mauvaise prise de décision (surtout lorsque les problèmes sont complexes), un style de leadership directif, contrôlant et abusif, et même une agressivité accrue.** Ces effets néfastes du stress devraient être suffisants pour vous motiver à faire face au stress efficacement. Toutefois, le stress affecte non seulement la façon dont fonctionne un leader, mais aussi les membres de son équipe. **Lorsque les leaders sont stressés, ils transmettent ce stress à leur équipe.** Ils peuvent ainsi devenir une source de stress pour leurs collaborateurs.

Pourquoi prendre en mains son quotidien et l'améliorer en le rendant plus épanouissant? **Les tracas, micros facteurs de**

stress dans nos vies quotidiennes, ont un impact important sur notre niveau de stress général. Selon les recherches d'Anita DeLongis, Susan Folkman et Richard Lazarus, les petits tracas rencontrés chaque jour ont une influence importante sur notre santé et notre humeur. Aussi banals soient-ils, ces « stresseurs » détruisent notre bien-être et s'accumulent.

La notion de tracas quotidiens peut être illustrée par une expérience scientifique qui vous demande d'assembler un verre d'eau et 100 épingles droites. Placez les épingles dans le verre d'eau, une à la fois, puis regardez le niveau de l'eau : il est difficile de voir un changement. Toutefois, si vous placez toutes les épingles dans le verre d'eau en même temps, alors vous  verrez facilement un changement dans le niveau de l'eau. **Les tracas quotidiens représentent les petites épingles dans votre verre d'eau** (c'est-à-dire dans votre vie). Il est difficile de constater leur impact un à la fois parce qu'ils semblent minuscules. Toutefois, leur accumulation génère un stress important. Alors, lorsque possible, pour toutes les choses que nous pouvons changer, **nous devrions essayer de réduire les tracas de notre vie et de celles des gens qui nous entourent.** Nous ne devrions pas les accabler avec nos tracas. Ils ont déjà de nombreux chats à fouetter!

C'est la même chose avec les **encouragements**; nous n'apprécierons peut-être pas l'impact d'un caissier souriant, d'un ascenseur qui s'ouvre juste à notre arrivée, d'un compliment sur notre tenue ou des autres choses agréables qui se produisent tout au long de la journée. Toutefois, **lorsqu'ils s'accumulent, leur impact devient plus grand et bénéfique.** Reconnaitre les aspects positifs est très important pour les employés formidables. Pour eux, il y a du bon dans chaque situation et ils savent l'apprécier. Lorsque vient le temps de travailler dans une équipe, ils se concentrent sur les forces de chacun, les améliorations et les bons coups. Ils limitent les irritants afin que chacun puisse s'épanouir et se sentir bien pour en accomplir davantage.

Parce que le stress est contagieux, vous devez être très vigilant lorsque vous en ressentez les premiers symptômes. Cela signifie qu'**il faut identifier les tracas quotidiens dans votre vie afin que vous puissiez essayer de les éviter.**

Vous devez également considérer ce qui fonctionne pour vous en faisant face à votre sentiment de stress. Bien que la meilleure façon de gérer le stress soit de faire quelque chose pour régler la situation directement, ce n'est pas toujours possible. Le stress est individualisé; tout le monde n'est pas stressé par les mêmes choses, et tout le monde n'utilise pas la même approche pour y faire face. C'est pourquoi il est important de vous connaitre suffisamment pour comprendre ce qui déclenche le sentiment de stress pour vous et ce qui vous aide à y faire face.

Voici votre défi en trois parties

Partie 1
Je vous invite à devenir plus conscient de vos tracas personnels afin que vous puissiez réduire le nombre de tracas auxquels vous faites face et augmenter le nombre d'encouragements que vous éprouvez.
1. Pendant trois jours que vous considérez comme « normaux » cette semaine, avant d'aller au lit, **préparez une liste de tous les tracas rencontrés dans la journée (petits et grands).** Les tracas sont des irritants, des choses qui vous fâchent ou qui vous dérangent. Ils peuvent vous perturber ou provoquer de la colère et de l'exaspération. Vous les retrouverez dans votre vie professionnelle, vos finances, vos relations avec la famille et les amis, les arrangements domestiques, la santé, les loisirs ou des

aspects encore plus généraux. Quels sont vos tracas les plus communs?

2. **Préparez ensuite une liste de tous les encouragements que vous avez ressentis.** Les encouragements sont des évènements qui vous font sentir bien, joyeux, heureux ou satisfaits. Quels sont vos encouragements les plus communs?

À noter que les mêmes éléments peuvent se retrouver dans les deux catégories : la charge de travail, vos collègues, vos clients, votre patron, la nature de votre travail, le respect des échéanciers, l'obligation de s'organiser, la paperasse, les voyages, la météo, les nouvelles, l'économie, le gouvernement, votre quartier, l'argent, votre conjoint, vos enfants, vos parents, votre santé, la santé des membres de votre famille, l'intimité, les obligations familiales, vos amis, votre apparence physique, l'exercice physique, les soins médicaux, les moments libres, les divertissements à la maison, les loisirs, le temps passé en famille, les repas, vos animaux de compagnie, le nettoyage, le transport, les courses et plus encore.

Notez le tout dans votre journal de bord.

Partie2

La deuxième partie vous aidera à comprendre ce que le stress signifie pour vous personnellement et quelles sont vos meilleures stratégies personnelles pour y faire face. Cela vous permettra de : (a) comprendre ce qui vous fait vous sentir stressé (afin que vous puissiez commencer à minimiser ou éliminer ces facteurs de stress); (b) reconnaitre rapidement les premiers signes de stress (afin que vous puissiez y faire face tout de suite); et (c) développer des solutions personnalisées pour gérer votre stress. Cette liste de solutions prête à l'emploi vous aidera à déstresser plus rapidement. Dans votre journal de bord, répondez aux questions suivantes :

1. **Quelles sont les cinq sources fréquentes de stress pour vous?** Selon le Centre d'études sur le stress humain (CESH), des sentiments de contrôle et de prévisibilité réduits, une nouveauté accrue et un égo menacé, notamment en ce qui concerne la charge de travail, les finances, la santé et les relations génèrent des sentiments de stress. Est-ce que l'une d'entre elles s'applique à vous? Si c'est le cas, comment? Certains des problèmes que vous avez identifiés dans la première partie pourraient faire partie de cette liste.

2. **Quels sont vos premiers signes de stress?** Lorsque vous éprouvez du stress, que ressentez-vous (par exemple, anxieux, triste, irritable, impulsif), que pensez-vous (par exemple, attitudes négatives, pessimisme, objectivité réduite) et que faites-vous (par exemple, vous isoler, devenir agressif, faire moins de travail)? Quels sont vos signes physiologiques de stress (par exemple, insomnie, diminution de l'énergie, maux de tête)?

3. **Quelles sont les cinq principales stratégies ou actions qui vous aident à vous sentir moins stressé et plus détendu?** Ces stratégies s'inscrivent généralement dans deux catégories : (a) les pensées (changer la façon dont j'y pense? la résolution de problèmes, la mise en perspective, l'optimisme et la gratitude) et (b) les actions (que puis-je faire différemment? activité, méditation, traiter le problème directement). Même de petites choses peuvent faire la différence dans ce que vous ressentez. Voici quelques exemples : faire une longue marche seule ou avec un ami, lire un livre inspirant, méditer, créer une liste de choses pour lesquelles vous êtes reconnaissant, essayer de résoudre le problème avec un ami de confiance ou sortir pour un souper tranquille.

Partie 3

Pendant toute la semaine, soyez attentif à vos premiers signes de stress et modifiez la liste que vous avez préparée dans la partie 2 au besoin. Dès que ces premiers signes apparaissent, utilisez les stratégies identifiées dans la partie 2. Prenez note de la combinaison de stratégies qui vous convient le mieux. Par exemple, faire une longue marche et méditer peut être la combinaison qui réduit le mieux votre niveau de stress. Évaluez l'efficacité de chaque stratégie et de leurs différentes combinaisons dans l'abaissement de votre niveau de stress. Enlevez les plus inefficaces de votre liste des cinq meilleures stratégies et considérez les autres qui pourraient être efficaces. Gardez une trace de vos efforts et des résultats dans votre journal de bord.

Réflexion

Répondez aux questions suivantes dans votre journal de bord.

1. Quelle a été votre expérience durant cet exercice? Y a-t-il eu des surprises? Dans quelle mesure votre niveau de stress a-t-il été réduit?
2. Quels thèmes communs étaient évidents dans vos symptômes, vos sources de stress et vos stratégies pour réduire votre degré de stress? Vos listes étaient-elles exactes ou avez-vous eu besoin de les modifier?
3. Quelles conclusions pouvez-vous tirer de votre capacité globale à réduire votre sentiment de stress? Quelles leçons avez-vous apprises en faisant cet exercice?

Plan d'action

Dans votre journal de bord, décrivez les trois mesures que vous prendrez dorénavant pour (a) réduire le nombre de tracas et augmenter le nombre d'encouragements dans votre vie et dans la vie des autres et (b) pour mieux cerner vos sources de stress et cibler vos stratégies pour faire face au stress. Indiquez les actions et les échéanciers spécifiques et comment vous évaluerez si vous avez terminé votre plan avec succès.

Matière à réflexion

- Ne soyez pas facilement stressé. Gardez votre calme, détendez-vous et faites ce qui vous aide à gérer votre stress.
- Soyez présent dès maintenant. N'encombrez pas votre esprit avec des pensées reliées au passé ou au futur; le passé n'est plus et la seule façon d'influencer le futur passe par vos actions en ce moment.
- Dans n'importe quelle situation, essayez d'être pour les autres une source d'encouragement et non de tracas.

22

Êtes-vous la pièce de résilience?

« Le caractère ne peut pas être développé avec facilité et tranquillité. Ce n'est que par l'expérience et la souffrance que l'âme peut être renforcée, la vision éclairée, l'ambition insufflée et le succès atteint. » — Helen Keller

« Les personnes résilientes présentent une grande capacité à retrouver rapidement l'équilibre psychologique, physiologique et relationnel suite à des évènements stressants. » — Alex Zautra

« Attendez-vous à l'inattendu! »
« Le changement est la seule constante dans la vie! »
« Quand la vie vous apporte des citrons, faites-en de la limonade! »
« Ce n'est pas ce que la vie vous amène qui compte, c'est la façon dont vous y faites face! »

Nous avons probablement tous déjà entendu ces expressions. Elles suggèrent que, **bien que le changement puisse être un facteur majeur de stress dans la vie, il peut aussi être une source de renouvèlement personnel et professionnel.** Ces expressions mentionnent également que, si votre vie est en contrôle ou hors de contrôle, c'est un choix personnel. Certaines personnes se sont enlisées confortablement en se disant sans cesse « je ne suis pas responsable » alors que d'autres ont adopté une perspective plus optimiste en se disant « ça n'en tient qu'à moi ».

Combien de temps cela vous prend-il pour vous remettre d'un évènement stressant? **Si vous pouvez « encaisser les coups » et vous adapter aux changements et aux défis avec succès, vous avez probablement un haut niveau de résilience.** Qu'est-ce qui vous aide à renforcer votre résilience? Janet Denhardt et Robert Denhardt suggèrent que les personnes résilientes se contentent de ce qui est à leur disposition, ce qu'ils appellent le « bricolage ». Le bricolage est un processus issu de facteurs de protection comme les bonnes capacités d'adaptation, le soutien social, l'expression des émotions et la compréhension interpersonnelle.

Nous ne rencontrerions sans doute aucune résistance de la part des psychologues Suzanne Kobassa et Salvatore Maddi, qui ont étudié **la robustesse personnelle** (une composante de la résilience au même titre que le courage, l'ingéniosité et la ténacité mentale) au cours de leur carrière. Leur intérêt pour ce sujet provient de leurs recherches sur les effets du changement sur les niveaux de stress de 200 gestionnaires de Bell dans l'Illinois, lesquels vivaient une réorganisation majeure dans leur entreprise il y a de cela 20 ans. Ces chercheurs ont constaté que, alors que la moitié de ces gestionnaires avaient souffert d'une maladie grave et de symptômes de stress chronique, l'autre moitié allait très bien. Les gestionnaires sains et performants avaient développé **les quatre C de la robustesse** :

1. **Engagement (*commitment*)** : Être impliqué et trouver un but profond pour vous-même, pour les autres et pour votre travail (versus l'aliénation face aux autres, au travail et à la vie).
2. **Challenge** : Être motivé à dépasser vos limites personnelles.
3. **Contrôle** : Sentir que vous exercez un certain contrôle sur votre travail immédiat, votre charge de travail et votre vie personnelle (plutôt que de vous sentir impuissant).
4. **Connexion** : Se sentir soutenu et impliqué par les autres.

Voulez-vous améliorer votre niveau de résilience? Rappelez-vous, la résilience n'est pas quelque chose qui « se produit ». Surmonter des habitudes solidement ancrées telles que se sentir ennuyé, impuissant et isolé nécessite une attention et des efforts délibérés. Il est peut-être tentant de rejeter cette notion de résilience en vous disant que c'est du *blabla* psychologique, même si elle est issue de plusieurs décennies de recherches scientifiques. Le choix vous appartient, mais sachez que la résilience est un atout non négligeable.

Voici votre défi en deux parties

Partie 1
Tout d'abord, je vous invite à jeter un coup d'œil sur le tableau des quatre « C » de la robustesse à la page suivante.
1. À combien évaluez-vous votre niveau de robustesse sur une échelle de 1 à 10? Sur quoi est basée cette évaluation?
2. Ensuite, cette semaine, prenez le temps de faire un remue-méninge sur la façon d'appliquer davantage les quatre C dans votre vie au travail et à la maison. Notez le tout dans votre journal de bord.
3. Ensuite, trouvez des moyens pour devenir plus robuste. Pour une multitude d'options et de ressources, vous pouvez faire une

recherche rapide sur Google sur les psychologues Suzanne Kobassa et Salvatore Maddi et le mot robustesse (*hardiness* en anglais).

Les quatre « C » de la robustesse	
Haut niveau de robustesse	**Faible niveau de robustesse**
Engagement (*Commitment*)	
Avoir une mission. Être activement impliqué pour réaliser sa mission. Surmonter les obstacles.	Être ennuyé. Ne pas trouver de sens dans la vie. Ne pas trouver d'activités intéressantes dans lesquelles s'impliquer
Challenge	
Voir les évènements stressants comme des défis positifs et créatifs. Accueillir le changement comme une opportunité de grandir et d'apprendre.	Voir les évènements stressants comme des problèmes. Se sentir menacé par le changement.
Contrôle	
Se sentir en contrôle de sa vie. Avoir un sentiment de pouvoir personnel. Rechercher des moyens d'avoir plus de contrôle dans ses activités. Soit prendre des mesures concrètes, soit choisir d'éviter de se sentir tendu dans des situations qui ne peuvent pas être contrôlées.	Se sentir impuissant. Être réactif face aux problèmes. Être passif, laisser quelqu'un d'autre résoudre les problèmes. Être tendu dans des situations qui ne peuvent pas être contrôlées.
Connexion	
Se sentir soutenu et avoir un sentiment de communauté.	Se sentir socialement isolé et seul. Se sentir aliéné.

Partie 2

Deuxièmement, cette semaine, je vous invite à augmenter votre résilience personnelle, soit votre capacité à rebondir suite aux défaites et aux situations difficiles. **Quand quelque chose de malheureux se produit, les personnes résilientes sont capables de s'en remettre rapidement et de s'adapter aux circonstances changeantes.** Une partie du développement de votre capacité à rebondir face à l'adversité repose sur votre capacité à développer votre confiance (« je peux le gérer! ») et votre optimisme (« ça va bien aller! »). Il vous sera ainsi possible de gérer les situations difficiles et de persévérer dans la réalisation de vos objectifs. Pour cette partie du défi, j'ai adapté un exercice que Fred Luthans et ses collaborateurs ont déterminé être efficace dans le développement d'un capital psychologique positif, dont l'un des éléments est la résilience.

Répondez aux questions suivantes dans votre journal de bord.

1. Pensez à une situation difficile de votre vie personnelle ou professionnelle dans laquelle vous vous sentez coincé et incapable d'aller de l'avant. Décrivez ce que vous avez fait, vos pensées ainsi que vos émotions dans cette situation.

2. Décrivez ce qui est sous votre contrôle personnel dans la situation et ce qui est hors de votre contrôle.

3. Maintenant, en pensant aux aspects de la situation que vous pouvez contrôler, faites un remue-méninge et écrivez toutes les actions possibles que vous pouvez prendre pour vous aider à faire face à la situation difficile.

4. Regardez votre liste, choisissez les actions que vous vous engagez à prendre cette semaine et décidez où, quand et comment les appliquer. Quelles sont vos prochaines étapes? Quels sont les résultats escomptés?

5. Une fois que vous avez mis en œuvre votre plan, réfléchissez à la façon dont il a fonctionné et créez un nouveau plan si nécessaire.

Réflexion

Répondez aux questions suivantes dans votre journal de bord :

1. Après avoir réalisé cet exercice, quelle est l'évaluation de votre robustesse et de votre résilience sur 10? Pourquoi?
2. Quelle grande leçon avez-vous retenue de l'exercice?

Plan d'action

Le défi vous a permis d'identifier plusieurs façons d'augmenter votre robustesse et votre résilience, et ce, dans divers contextes. Je vous invite maintenant à déterminer lesquelles pourraient vous accompagner au quotidien. Dans votre journal de bord, décrivez les trois outils que vous utiliserez dorénavant à titre préventif afin d'être plus résilient. Indiquez les actions et les échéanciers spécifiques et comment vous évaluerez si vous avez terminé votre plan avec succès.

23

Êtes-vous comme une grenouille bouillie ou un singe piégé?

« L'intelligence se mesure par la capacité à changer. »
— Albert Einstein

« Vous voyez ce que vous êtes prêt à voir. » — John Maxwell

« En dépit de mes fermes convictions, j'ai toujours été un homme qui tente d'affronter les faits et qui accepte la réalité de la vie, que de nouvelles expériences et connaissances dévoilent.
J'ai toujours gardé un esprit ouvert, élément indispensable à la flexibilité qui doit aller de pair avec toute quête intelligente de la vérité. » — Malcolm X

« La chose la plus difficile à ouvrir est un esprit fermé. »
— Ahmed Kathrada

217

Avez-vous déjà entendu la fable de la grenouille bouillie ou celle du singe piégé? Toutes deux soulignent la nécessité d'être flexible et de demeurer conscient des façons dont nous pourrions nous retrouver « coincés ». Regardons chacune d'entre elles séparément.

Voici la fable de la grenouille bouillie, telle que racontée par Daniel Goleman : « Jetez une grenouille dans de l'eau bouillante et elle sautera instinctivement hors du récipient. Mais si vous mettez une grenouille dans une casserole d'eau froide et que vous augmentez progressivement la température, la grenouille ne remarquera pas que l'eau devient plus chaude. Elle restera assise là jusqu'à ce que l'eau – et la grenouille — bouille. Le destin de cette grenouille bouillie n'est pas si différent de celui de certaines personnes qui s'installent dans la routine et laissent de petits conforts se transformer en solides habitudes créant ainsi le lit de l'inertie. »

Le message central de cette fable est qu'**il est facile de laisser l'inertie s'installer progressivement**. Le problème ne devient visible que lorsqu'il est pratiquement hors de notre contrôle. Peut-être que nous ignorons nos mauvaises habitudes ou celles des autres. Ou bien, nous laissons de petits problèmes s'accumuler et devenir de gros problèmes. Une autre façon d'interpréter cette métaphore est la suivante : parfois le changement est introduit dans une organisation de manière progressive et ce n'est qu'en prenant du recul que nous réalisons qu'un changement majeur a eu lieu.

Cette histoire souligne également l'importance de solliciter le feed-back des autres. Ils peuvent voir des choses que nous ne voyons pas parce que nous sommes confortablement installés dans l'eau chaude (qui devient de plus en plus chaude). Parfois, par peur de nous donner des commentaires négatifs, les gens nous cachent des informations importantes. Cette histoire nous dit aussi qu'**il est important de chercher l'opinion des gens qui ne sont pas dans le « système » ou impliqués dans la situation** (par exemple, votre groupe d'amis, votre équipe ou bien votre organisation). Parfois, les personnes extérieures au système sont plus objectives et donc, peuvent plus facilement reconnaitre les dysfonctionnements et les améliorations possibles.

Pour la fable du piège à singes, nous nous tournons vers le livre *Zen and the Art of Motorcycle Maintenance*. Dans ce livre, Robert Pirsig raconte l'histoire des habitants d'un petit village de l'Inde qui, fatigués de voir que des singes volaient leur nourriture, ont décidé d'installer un piège pour ces primates.

 Le piège consistait à placer une banane à l'intérieur d'une noix de coco évidée. L'ouverture de la noix de coco était assez grande pour permettre au singe d'atteindre l'intérieur, mais trop petite pour lui permettre de sortir la banane. Si le singe lâche la banane, il peut facilement retirer sa main et s'enfuir. Mais, s'il s'accroche à la banane, il risque d'être capturé par les habitants. Son but à court terme (s'accrocher à la banane) fait en sorte que ses objectifs à long terme (manger, être en sécurité) sont à risque. C'est donc la réticence du singe à lâcher la banane qui constitue le piège – et non le dispositif lui-même.

Pourquoi parlons-nous de pièges à singes? Tout simplement parce que vous en avez surement déjà rencontrés dans votre vie. Naturellement, ils ne se présentaient pas sous la forme d'une noix de coco! En fait, **vos pièges à singes sont des idées fixes sur la façon dont les choses devraient être.** Il peut s'agir d'idées, de principes ou de façons de faire qui ont bien fonctionné pour vous dans le passé (et que vous refusez d'abandonner). Comme pour le piège à singe, le problème n'est pas l'idée en tant que telle, mais bien le fait de continuer à accepter cette idée comme valable plutôt que de vous demander si elle est toujours efficace. **Quand nous nous accrochons étroitement à nos attentes, nos façons de faire et nos préférences, une certaine rigidité s'installe et nous devenons fragiles.**

Les employés doivent alors être particulièrement conscients lorsqu'ils s'accrochent à leurs « bananes ». En effet, **la flexibilité et l'adaptabilité sont les « atouts » des employés formidables.** Ces derniers sont ouverts à remettre en question leurs façons de faire habituelles et sont capables de les modifier quand la situation l'exige. Cette capacité à s'adapter et à se réinventer devient particulièrement importante dans notre monde en constante évolution. Les employés formidables sont en mesure de changer de paradigme (la manière acceptée de penser à quelque chose) pour faire de la place à l'innovation.

En revanche, **les gens qui tiennent mordicus à leurs « bananes » ont des idées préconçues sur ce qui fonctionne et sur ce qui ne fonctionne pas, lesquelles les empêchent de voir les nouvelles possibilités.** Ils sont coincés dans un paradigme et incapables d'envisager comment les choses pourraient être différentes. Ils peuvent avoir un grand besoin de contrôle, une crainte du changement et certaines préoccupations au sujet du lâcher-prise (en l'associant à l'échec, peut-être). Il peut s'agir aussi de leur égo qui les pousse à penser qu'ils doivent toujours avoir raison ou encore de leur difficulté à faire face à l'ambigüité. Quoi qu'il en soit, quelque chose les bloque et fait en sorte qu'ils préfèrent rester coincés dans le piège pour conserver leur « banane ».

Que pouvez-vous faire si vous tombez dans un piège à singe? Voici trois suggestions qui peuvent vous inspirer :

1. **Réalisez que ce que vous faites pourrait être changé, lorsque vous êtes « bloqué ».** Observez-vous. Faites une liste de toutes les routines et règles qui ont tendance à régir votre vie. Demandez aux autres de partager des exemples précis de situations où vous pourriez sembler rigide, têtu ou coincé dans vos manières de penser, d'être et de faire. Ce genre de feed-back peut être difficile à entendre, mais il pourrait vous aider à vous améliorer.

2. **Réfléchissez à vos comportements, à votre façon d'être et à vos pensées** : vous coincent-ils, créent-ils des problèmes avec les autres, vous empêchent-ils de trouver des solutions aux problèmes ou de grandir intérieurement? Dans le cadre de cette réflexion, faites aussi une évaluation de votre niveau de stress. Les chercheurs ont découvert que lorsqu'ils sont en proie à un stress extrême, les gens ont tendance à souffrir de ce que l'on appelle l'effet *Einstellung*; il s'agit d'un piège cognitif qui implique que nous adoptions une manière mécanisée de traiter des situations même si des approches plus appropriées peuvent exister. Ainsi, c'est l'équivalent de ne pas être capable de penser différemment et de s'accrocher à la banane à tout prix, ou encore d'avoir un seul outil pour tous nos projets. Imaginez qu'un individu utilise uniquement son marteau, même pour visser des vis. Pas facile!

3. **Planifiez de nouvelles actions et de nouvelles façons de penser qui vont élargir vos horizons.** Rappelez-vous : il a fallu du temps et de la répétition pour créer des pensées et des comportements rigides, alors il en faudra autant pour les modifier.

Il est important de préciser que vous ne pouvez pas tout simplement arrêter d'avoir des idées et des comportements rigides : ils doivent être remplacés par des pensées et des comportements plus efficaces. Essayez de faire les choses différemment (même si vous n'apportez que de légers changements) et de faire de nouvelles choses! Sortir de vos routines et de votre zone de confort vous aidera à voir les avantages que cela peut vous apporter. Ainsi, si votre réaction automatique est de refuser les invitations ou de fuir les nouvelles occasions, prenez le temps de penser aux raisons qui vous poussent à refuser. Vous pourriez très bien vous rendre compte que, finalement, vous n'avez aucune raison valable pour dire non aux offres qui se présentent.

Faites une expérience pour voir ce qu'est le lâcher-prise. Par exemple, laissez quelqu'un d'autre décider ce que vous allez faire un soir ou laissez des espaces libres dans votre agenda pour être plus spontané. Si certains aspects de votre inflexibilité sont liés à votre besoin de tout contrôler, voyez comment vous pourriez amener les autres à participer à ces décisions.

Faire des compromis, mettre de l'eau dans votre vin et être capable de lâcher prise peuvent vous aider à voir les avantages à augmenter votre niveau de flexibilité. Gardez en tête que le désir d'être toujours en contrôle est un signe d'insécurité.

Apprenez à faire confiance et libérez-vous des bananes dont vous n'avez pas besoin : vivez votre vie au lieu de la contrôler. Comment? Selon la psychologue Marie Bérubé, vivre le moment présent est la clé. Il ne faut penser ni au passé ni au futur. Il s'agit de se laisser aller dans le présent et d'avoir confiance.

Voici votre défi en trois parties

Partie 1

Pendant deux jours cette semaine, je vous invite à prêter attention pour voir si – et comment – les autres peuvent se complaire confortablement dans de l'eau chaude, en n'étant pas conscients des problèmes ou enjeux ou encore en s'accrochant à leurs bananes (manières de penser ou de faire des choses). Écrivez des exemples de tels comportements dans votre journal de bord.

Partie 2

Pour déterminer si vous ressemblez davantage à la grenouille bouillie ou au singe piégé, ou aux deux, je vous invite à prendre quelques minutes à la fin de deux journées consécutives cette semaine pour réfléchir à votre journée. Dans votre journal de bord, répondez aux questions suivantes :

1. Êtes-vous resté dans une situation qui endommageait lentement votre moral? Si oui, quelle était la situation? Qu'avez-vous fait ou évité de faire?

2. Avez-vous eu du mal à dévier de la façon dont vous avez toujours fait les choses (passer d'une situation confortable, mais potentiellement malsaine, à l'inconnu)? Si oui, de quoi auriez-vous besoin pour faire le grand saut?

3. Quelles idées, attentes ou façons de faire avez-vous maintenues de manière rigide sans mettre en doute leur pertinence ou leur utilité?

4. Quelles idées, attentes ou façons de faire ont créé un stress pour vous ou vous ont empêché de progresser dans votre vie personnelle ou professionnelle?

5. De quelles manières avez-vous défié vos façons de faire ou de penser établies?

6. Avez-vous offert du feed-back aux autres afin de les aider à sortir de la « casserole d'eau bouillante » ou du « piège à singe »? En d'autres termes, comment avez-vous joué le rôle d'une « personne extérieure » pour les autres ou pour votre organisation afin d'encourager le changement? Il faut du courage pour se faire entendre et parler de problèmes que d'autres ne reconnaissent pas ou refusent de reconnaître.

Partie 3

Dans la partie 3, identifiez et réalisez trois actions que vous pouvez entreprendre cette semaine pour sortir du pot-au-feu et du piège à singe (en d'autres termes, pour augmenter votre conscience et votre flexibilité).

Réflexion

Répondez aux questions suivantes dans votre journal.

1. Cet exercice démontre l'importance de lâcher prise, de prendre conscience de vos angles morts, d'être ouvert d'esprit et de mettre de côté les vieilles idées, attitudes et pratiques qui vous empêchent d'aller de l'avant. Était-il plus facile de trouver des exemples de vous-même ou bien d'autres personnes se comportant comme des grenouilles bouillies ou des singes piégés? Expliquez...

2. Quels thèmes récurrents apparaissent dans vos réflexions quotidiennes? Quelles étaient les principales façons dont vous agissiez comme une grenouille bouillie?

3. Quelles mesures pouvez-vous prendre pour aider les autres à prendre conscience des pensées, des comportements et des circonstances qui leur sont préjudiciables?

4. Quels ont été vos pièges à singes les plus percutants? Quels sont les inconvénients potentiels de ces pièges? Quelles seraient les

conséquences à long terme si vous continuiez à vous accrocher à ces pièges?

5. Quelles sont les autres façons de penser ou de voir la situation qui pourraient vous aider à sortir du piège, à devenir plus flexible et à être plus efficace à long terme?

6. Quelles mesures préventives avez-vous prises pour vous assurer que vous demeuriez au courant de votre situation et de vos habitudes? Quelles mesures avez-vous prises pour vous assurer de ne pas tomber dans ces pièges? Quelle était leur efficacité?

Plan d'action

Dans votre journal de bord, décrivez les trois mesures les plus importantes que vous prendrez dorénavant pour devenir moins complaisant ou rigide et plus flexible et ouvert dans vos pensées et vos comportements. Indiquez les actions et les échéanciers spécifiques et comment vous évaluerez si vous avez terminé votre plan avec succès.

Matière à réflexion

- Soyez flexible et adaptable face au changement. La vérité qui dérange est que parfois l'ancienne façon de faire ne fonctionne plus. Vous devez sortir de votre zone de confort et trouver de nouvelles opportunités. C'est comme ça que vous grandissez en tant que personne.

- Soyez conscient de ce qui se passe autour de vous. Avant que vous ne vous en rendiez compte, un tas de petits changements peuvent s'accumuler et devenir un changement majeur.

- Laissez aller les rigidités et les choses qui vous empêchent de progresser dans votre vie. S'accrocher à des idées qui ne reflètent pas la réalité est un exercice futile et frustrant. Ne vous opposez pas au changement; faites-en partie.

PARTIE 6 : INTÉGRER LES APPRENTISSAGES

24

Vous engageriez-vous vous-même?

« J'engage des gens plus brillants que moi
et puis je m'enlève de leur chemin. » — Lee Iacocca

« En déterminant les bonnes personnes à engager, les meilleures
entreprises ont accordé plus de poids sur les attributs de caractère
que sur des antécédents scolaires spécifiques, des compétences
pratiques, connaissances spécialisées ou expérience de travail. »
— Jim Collins

« Quelqu'un a déjà dit que dans la recherche de personnes à
embaucher, vous recherchez trois qualités : l'intégrité, l'intelligence
et l'énergie. Et si vous n'avez pas le premier, les deux autres vous
tueront. Si tu penses à ça; c'est vrai. Si vous embauchez quelqu'un
sans [intégrité], vous voulez vraiment qu'il soit bête et paresseux. »
— Warren Buffett

« Si vous pouvez embaucher des gens dont la passion croise le travail, ils n'auront besoin d'aucune supervision. Ils se géreront mieux que quiconque ne pourrait jamais les gérer. Leur feu vient de l'intérieur, pas de l'extérieur. Leur motivation est interne, pas externe. » — Stephen Covey

Voulez-vous vous embaucher? Pensez-vous qu'avoir de grandes compétences techniques fera de vous un candidat vedette? Les employés géniaux ont des compétences techniques : ils ne viennent pas à la fête les mains vides et ils ajoutent de la valeur là où ils se trouvent. Cependant, ils ont plus que des compétences techniques. Ils sont capables de se gérer, de bien travailler avec les autres et de faire preuve de leadership tout en étant capables de faire des compromis et de changer.

Imaginez que le poste de vos rêves soit ouvert chez votre employeur de rêve et que vous soyez en lice pour celui-ci. La plupart des organisations font passer à leurs candidats à des postes de leadership un processus de sélection difficile compte tenu de leur impact potentiel sur l'organisation et sur leur équipe. Ils peuvent demander aux candidats de compléter des évaluations psychométriques, de participer à des simulations quant au leadership d'équipe ou même d'aller *luncher* avec des collègues potentiels. Bien sûr, en tant que candidat, vous pouvez vous attendre à être interviewé par votre futur patron et probablement par une foule d'autres personnes (peut-être même les membres de votre future équipe). Votre entrevue est susceptible d'être structurée et d'inclure un certain nombre de questions qui portent sur vos comportements. Étant donné que les meilleurs prédicteurs des comportements futurs sont les comportements passés dans des circonstances similaires, il vous sera demandé de décrire comment vous avez agi dans certaines situations passées. Eh bien, aujourd'hui est votre jour de chance! Si vous avez effectué les exercices dans ce livre, vous avez beaucoup d'idées et d'expériences à utiliser et vous devriez pouvoir exceller à l'entrevue.

Comment répondrez-vous aux questions suivantes?

1. Que signifie être un employé formidable selon vous? Diriez-vous que vous êtes un employé formidable? Pourquoi ou pourquoi pas?

2. Parlez-nous de vos meilleures et pires expériences en tant qu'employé et de ce que vous en avez appris.

3. Quelles sont vos forces? Quelles sont vos faiblesses et comment y remédiez-vous?

4. Parlez-nous d'un moment où vous vous êtes senti motivé (démotivé). Qu'est-ce que vous avez fait?

5. Parlez-nous d'une décision difficile que vous avez prise.

6. Partagez-nous un moment où vous vous êtes senti frustré. Comment avez-vous réagi à la situation?

7. Parlez-nous d'un moment où vous avez fait face à une situation émotionnellement prenante ou exigeante. Dites-nous ce que vous avez fait pour vous gérer efficacement (vos émotions, vos attitudes, vos comportements, où vous concentrez votre temps, etc.). Fournissez des exemples spécifiques qui illustrent le mieux vos points.

8. Décrivez comment vous avez défini vos priorités et fait votre travail la semaine dernière.

9. Dites-nous ce que vous avez fait pour développer et maintenir des relations interpersonnelles efficaces. Fournissez des exemples spécifiques qui illustrent le mieux vos points.

10. Décrivez un conflit récent auquel vous avez été confronté et ce que vous avez fait pour le résoudre.

11. Décrivez ce que vous avez fait pour créer et contribuer à l'esprit d'équipe au sein de votre dernière équipe.
12. Parlez-nous de vos façons préférées et non préférées d'être dirigé par d'autres.
13. Décrivez votre style de leadership personnel et comment vous l'avez appliqué dans votre vie.
14. Quelles choses spécifiques avez-vous faites au cours des trois derniers mois pour vous développer?
15. Parlez-nous d'un moment où vous avez eu du mal à mettre les choses en perspective. Qu'est-ce que vous avez fait?
16. Quelles mesures spécifiques avez-vous prises la semaine dernière pour gérer votre stress? Bâtir une résilience?

Ce sont des questions difficiles et, bien sûr, il est peu probable qu'on vous les demande toutes! Toutefois, il est judicieux de vous préparer pour répondre aisément le moment venu.

Voici votre défi
Dans votre journal de bord, je vous invite à écrire vos réponses à dix questions de votre choix parmi celles qui vous ont été présentées. Rappelez-vous que vous pouvez probablement trouver les « réponses » dans votre journal de bord (en fonction de ce que vous avez noté aux exercices précédents). Après avoir écrit vos réponses à ces questions, relisez-vous et tentez de trouver des thèmes récurrents ou des *patterns*. Ensuite, demandez à votre équipe de feed-back de vous « interviewer » et de vous fournir des commentaires. Notez le tout dans votre journal de bord.

Réflexion

Répondez aux questions suivantes dans votre journal de bord.

1. Est-ce que cet exercice était difficile pour vous? Expliquer…
2. Quels *patterns* ou thèmes ont émergé de vos réponses?
3. Qu'avez-vous appris suite à l'entrevue menée par votre équipe de feed-back?
4. Sur quelles faiblesses devriez-vous travailler?

Plan d'action

Dans votre journal de bord, décrivez trois actions spécifiques que vous prendrez dans les deux prochaines semaines pour remédier aux faiblesses que vous avez découvertes lors de la réalisation de cet exercice. Indiquez les actions et les échéanciers spécifiques et comment vous évaluerez si vous avez terminé votre plan avec succès.

25

Quelles sont les dix leçons les plus importantes que vous avez apprises?

« La capacité d'apprentissage est la qualité la plus importante qu'un leader puisse posséder. » — Padmasree Warrior

10 lessons

Créer une synthèse de tout ce que vous avez appris au cours de votre parcours pour devenir un employé impressionnant vous aidera à apprécier l'investissement que vous avez fait sur vous et vous encourager à continuer à investir dans votre développement personnel et professionnel.

Voici votre défi

Je vous invite à lire votre journal de bord et mettre en évidence les leçons qui ont été particulièrement importantes pour vous. Regardez votre journal de bord une deuxième fois, en accordant une attention particulière au texte mis en évidence. Sur une feuille, écrivez les leçons que vous avez identifiées. Ensuite, passez en revue cette liste de leçons en essayant de les regrouper par thèmes. Dans votre journal de bord, identifiez les grands thèmes auxquels peuvent être rattachées ces leçons. Pour chaque leçon, accomplissez les étapes suivantes :

1. **Identification de la leçon.** Exprimez chaque leçon dans vos propres mots et dans une phrase complète. Elle ne doit pas simplement répéter le contenu du livre ni en être tirée directement; elles doivent être étroitement liées à votre apprentissage. Les leçons doivent être distinctes.

2. **Élaboration de la leçon.** Qu'est-ce que cela veut dire précisément par rapport aux comportements spécifiques des employés formidables?

3. **Description de la raison pour laquelle c'est une leçon marquante pour vous (personnellement) et de quelle façon elle représente pour vous un apprentissage nouveau.** D'habitude, les leçons marquantes sont des connaissances que nous ne possédions pas avant et qui nous aident à changer notre façon d'agir en tant qu'employé. Donc, il ne suffit pas d'exprimer pourquoi vous trouvez cette leçon importante; il faut partager pourquoi elle est marquante pour vous personnellement. Si vous avez « toujours su » quelque chose, il ne s'agit pas d'une leçon marquante!

4. **Description de l'implication de cette leçon quant à vos propres comportements.** Décrivez de façon concrète ce que vous allez faire différemment à l'avenir à la lumière de cette leçon. S'il s'agit d'une leçon marquante, elle doit avoir des

233

implications importantes sur vos comportements futurs. Donc, elle ne doit pas vous inciter à répéter ce que vous faisiez dans le passé.

Réflexion

Répondez à la question suivante dans votre journal : était-ce difficile de trouver des leçons significatives? Expliquez…

Plan d'action

Dans votre journal de bord, décrivez trois actions spécifiques que vous entreprendrez dorénavant afin d'appliquer les dix leçons dans votre vie personnelle et professionnelle. Indiquez les actions et les échéanciers spécifiques et comment vous évaluerez si vous avez terminé votre plan avec succès.

Bibliographie

Baumeister, R. F., & Leary, M. R. (1995). The need to belong: Desire for interpersonal attachments as a fundamental human motivation. *Psychological Bulletin, 117*(3), 497-529.

Blake, R. R., Mouton, J. S., & Bidwell, A. C. (1962). Managerial grid. *Advanced Management-Office Executive, 1*(19), 12-15

Blanchard, K., & Hersey, P. (2008). Situational leadership. *Leadership Excellence, 25*(5), 19.

Burns, D. D. (2005). *Être bien dans sa peau.* Montréal, QC : Les éditions Héritage.

Cameron, K. S., & Quinn, R. E. (2005). *Diagnosing and changing organizational culture: Based on the competing values framework.* John Wiley & Sons.

Centre d'Études sur le stress humain (CESH) (no date). Recette du stress. Retrieved from: http://www.stresshumain.ca/le-stress/comprendre-son-stress/source-du-stress.html

Collins, J. (2001). *Good to Great: Why Some Companies Make the Leap... and Others Don't.* New York: Harper Collins.

DeLongis, A., Folkman, S., & Lazarus, R. (1988). The impact of daily stress on health and mood: Psychological social resources as mediators. *Journal of Personality and Social Psychology, 54,* 486–495.

Denhardt, J., & Denhardt, R. (2010). Building organizational resilience and adaptive management. *Handbook of Adult Resilience,* 333-349.

Dumont, M., Tarabulsy, G. M., Gagnon, J., Tessier, R., & Provost, M. (1998). Validation française d'un inventaire de micro-stresseurs de la vie quotidienne : combinaison du « Daily Hassles Scale » et du « Uplifts Scale ». *International Journal of Psychology, 33*(1), 57-71.

Drucker, P.F. (2005). Managing oneself, *Harvard Business Review.* Retrieved from: https://hbr.org/2005/01/managing-oneself

Dyer, W. (1981). *The Sky's the Limit.* New York: Pocket Books.

Eddie, D. (2012, 11 octobre). What should I do about my bully brother-in-law? *The Globe and Mail.* Repéré à www.theglobeandmail.com/life/relationships/what-should-i-do-about-my-bully-brother-in-law/article4604565/

Einstellung Effect. (pas de date). Dans *Alleydog.com's online glossary.* Repéré à : http://www.alleydog.com/glossary/definition-cit.php?term=Einstellung Effect

Ferriss, T. (2017). *Tools of Titans.* New York: Houghton Mifflin Harcourt Publishing Company.

Frankl, V. (2006). *Man's Search for Meaning: An Introduction to Logotherapy,* Boston, MA: Beacon Press (Originally published in 1946).

George, B., Sims, P., McLean, A. N., & Mayer, D. (2007). Discovering your authentic leadership. *Harvard Business Review,* 85(2), 129-138. Retrieved from: hbr.org/2007/02/discovering-your-authentic-leadership.

George, J. M., & Bettenhausen, K. (1990). Understanding prosocial behavior, sales performance, and turnover: A group-level analysis in a service context. *Journal of Applied Psychology, 75*(6), 698-709.

Glasser, W. (2010). *Choice Theory: A New Psychology of Personal Freedom.* New York: Harper Collins.

Goffee, R., & Jones, G. (2006). *Why Should Anyone be Led by You?* Boston, MA: Harvard Business School Press.

Goleman, D. (1997). *L'intelligence émotionnelle : comment transformer ses émotions en intelligence* (translate by Thierry Piélat), Paris : Robert Laffont.

Gottman, J. M., & Levenson, R. W. (2000). The timing of divorce: Predicting when a couple will divorce over a 14-year period. *Journal of Marriage and Family, 62*(3), 737-745.

Hackman, J. R. & Oldham, G. R. (2005). How job characteristics theory happened. *The Oxford Handbook of Management Theory: The Process of Theory Development*, 151-170.

Harms, P. D., Credé, M., Tynan, M., Leon, M., & Jeung, W. (2016). Leadership and stress: A meta-analytic review. *The Leadership Quarterly, 28*(1), 178-194.

Harvey, P., Stoner, J., Hochwarter, W., & Kacmar, C. (2007). Coping with abusive supervision: The neutralizing effects of ingratiation and positive affect on negative employee outcomes. *The Leadership Quarterly, 18*(3), 264-280.

Jaffee, D., & Scott, C. (1984). *From Burnout to Balance: A Workbook for Peak Performance and Self-Renewal*, New York: McGraw-Hill.

John, O. P., & Srivastava, S. (1999). The Big Five trait taxonomy: History, measurement, and theoretical perspectives. *Handbook of Personality: Theory and Research, 2*, 102-138.

Kellerman, B. (2007). What every leader needs to know about followers. *Harvard Business Review*, 85(12), 84-91.

Kobasa, S. C., Maddi, S. R., & Kahn, S. (1982). Hardiness and health: a prospective study. *Journal of Personality and Social Psychology, 42*(1), 168.

Kolb, D. (1984). *Experiential Learning: Experience as the Source of Learning and Development*. Englewood Cliffs, NJ: Prentice-Hall.

LaForce, T. (2017). 2 magic phrases to stop passive-aggressive behavior. Retrieved from: http://tomlaforce.com/2-magic-phrases-to-stop-passive-aggressive-behavior/

Lanctôt-Bédard, V. et Bouchard, J.-P. (2014, 6 décembre). *Quelques trucs pour améliorer votre écoute* [Online video]. Retrieved from: https://www.youtube.com/watch?v=5TI48GTK9VQ

Lankard, B. et al (1981). *Work Maturity Skills Instructor Guide*. Columbus, OH: National Center for Research in Vocational Education. Ohio State University. Retrieved from: www.eed.state.ak.us/tls/sped/SETforLife/VI_Work%20Exp erience/19WorkMaturitySkills.doc

Lazarus, R.S. & Folkman, S. (1984). *Stress, Appraisal, and Coping*. New York: Springer.

Lombardo, M. M., & Eichinger, R. W. (2004). *FYI: For Your Improvement*. Greensboro, NC: Center for Creative Leadership.

Luthans, F., Avey, J. B., & Patera, J. L. (2008). Experimental analysis of a web-based training intervention to develop positive psychological capital. *Academy of Management Learning & Education*, 7(2), 209-221.

Manz, C. C., & Sims, H. P. (1980). Self-management as a substitute for leadership: A social learning theory perspective. *Academy of Management Review*, 5(3), 361-367.

Maxwell, J. C. (1996). *Développez votre leadership*. St-Hubert, QC : Un monde différent.

McClelland, D. C. (1987). *Human Motivation*. New York: Cambridge University Press.

McKay, D. (1988). Depressed interactions. Presentation at the annual conference of the American Psychological Association.

Metcalfe, J., & W. Mischel (1999). A hot/coolsystem analysis of delay of gratification: Dynamics of willpower. *Psychological Review, 106*, 3–19.

Mischel, W. (2014). *The Marshmallow Test: Understanding Self-Control and How to Master it*. New York: Random House.

Ohno, T. (1988). *Toyota Production System: Beyond Large-Scale Production*. Danvers, MA: CRC Press.

Perkins, D. N. (2002). The engine of folly. 64-85. In Robert J. Sternberg (ed.) *Why smart people can be so stupid*. New Haven, CT: Yale University.

Pirsig, R. M. (1974). *Zen and the Art of Motorcycle Maintenance: An Inquiry into Values*. New York: William Monroe and Company.

Ravikant, N. (2017). Naval Ravikant on reading, happiness, systems for decision making, habits, honesty and more, [Audio]. Retrieved from: https://www.faramstreetblog.com/2017/02 naval-ravikant-reading-decision-making

Rodgers, C. (2010). Dix qualités recherchées des employeurs. Retrieved from :

affaires.lapresse.ca/cv/201001/19/01-940664-dix-qualites-recherchees-des-employeurs.php

Rousseau, P. (no date.). Droits et responsabilités. Retrieved from: http://www.bulletin-excell-pro.com/091-Droits_et_Responsabilites.html

Sherts, M. (2009). *Conscious Communication: How to Establish Healthy Relationships and Resolve Conflict Peacefully while Maintaining Independence*. Minneapolis, MN: Langdon Street Press.

Statton, J. (no date). What a goal really is and how you can get to yours [Billet de blogue]. Retrieved from : http://www.jeremystatton.com

Tolle, E. (2009). *Unité avec toute vie*. Outremont, QC : Ariane Édition.

Weisbord, M. R. (1987). *Productive Workplaces: Organizing for Dignity, Meaning and Community*. San Francisco, CA: Jossey-Bass.

Williams, J., & Babin, L. (2015). *Extreme Ownership: How U.S. Navy SEALs Lead and Win*. New York: St. Martin's Press.

Yokoyama, J., & Michelli, J. (2004). *When Fish Fly: Lessons for Creating a Vital and Energized Workplace from the World Famous Pike Place Fish Market*. New York: Hyperion.

Zak, P. J. (2008). The neurobiology of trust. *Scientific American*, *298*(6), 88-95.

Zelenski, J. M., Santoro, M. S., & Whelan, D. C. (2012). Would introverts be better off if they acted more like extraverts? Exploring emotional and cognitive consequences of counterdispositional behavior. *Emotion, 12*(2), 290-303.

Zinger (no date). From *Merriam-Webster online dictionary*. Retrieved from: https://www.merriam-webster.com/dictionary/zinger

www.ingramcontent.com/pod-product-compliance
Lightning Source LLC
Chambersburg PA
CBHW070228180526
45158CB00001BA/123